裁判官のつぶやき

Murmure du juge

門口正人

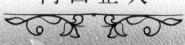

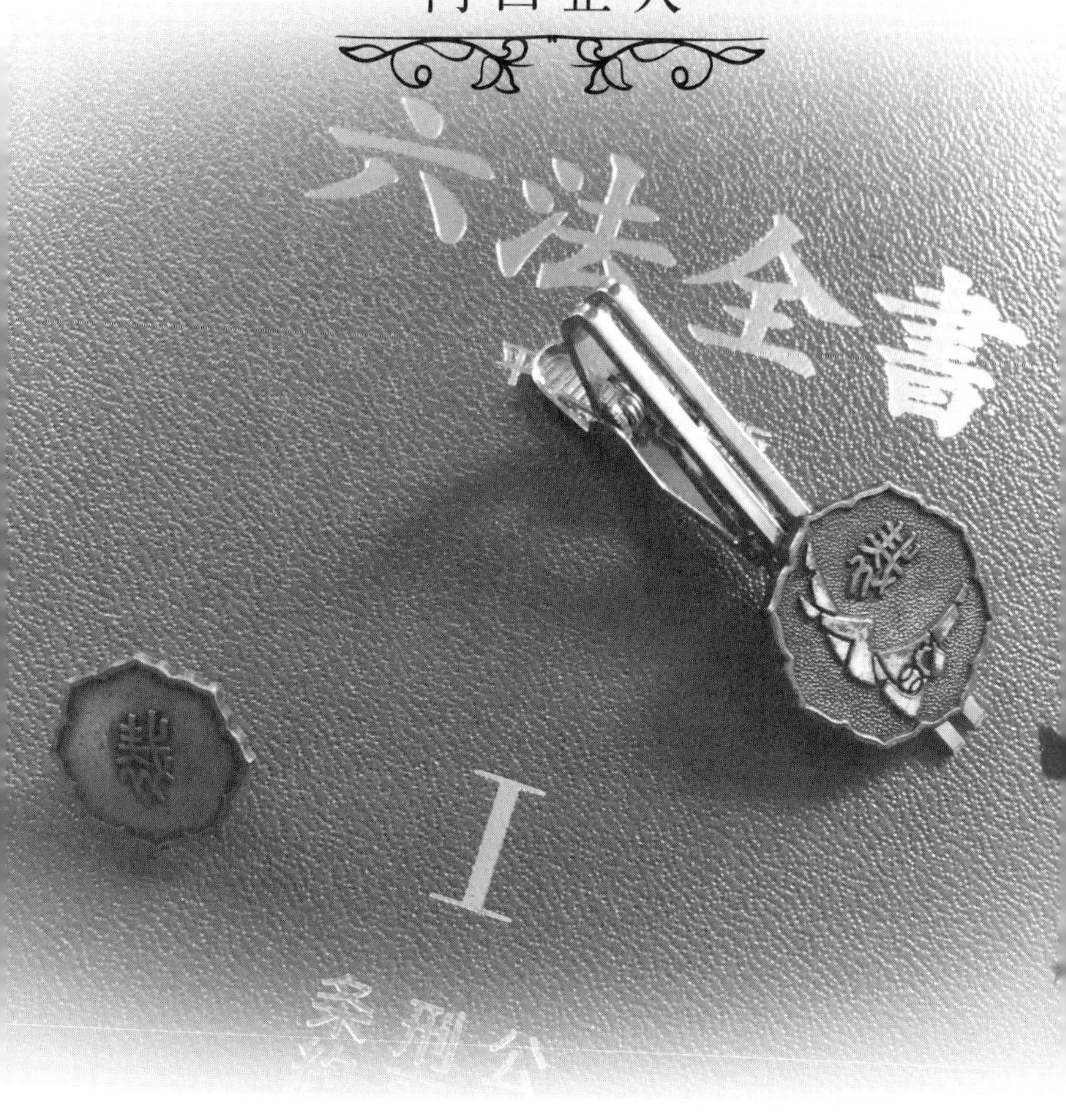

まえがき

文章を書くのは苦手である。裁判官は余分なものは書くべきではないと諭された時代であったから、書くものといえば裁判書ばかりであった。やがて裁判現場を離れるにつれ、立場上頼まれて雑文を書くことが多くなった。ところが、これまでの駄文を集めて本にすると言われたときには心底驚いた。駄文が何の役にも立たないことはもちろん、読んで面白いものでもないので、大きなためらいがあった。それでも、企画をお受けしたのは、裁判の実情や裁判官の日ごろの思いなどを知ってもらう一つの機会になるのではないかと考えたからである。

第一部は、静岡地裁所長と名古屋高裁長官のときに、新聞に掲載されたもので、所長や長官は、裁判所と世間を繋ぐいわば広告塔であると割り切って引き受けたものである。毎週一回テーマを探すことがなかなか難しかった記憶があるが、楽しくもあった。そのほかに講演録なども収めた。**第二部**は、いろいろな方面から裁判所の所属の部署に頼まれた分と退官後に文芸誌に掲載された分から成る。そのうち、文芸誌掲載のものは、誘われて同人に連なったことを機縁に、編集人からテーマを与えられて寄稿したもので、無い知恵を絞ったものが多かった。**第三部**は、ビジネス誌から依頼を受けたもので、その一部は東京地方裁判所民事第八部（商事・会社更生部）に在籍したときに随時に商事関係のテーマを選んで綴ったものであるが、その余は、退官後に、年に四回、時の社会経済の事情から話題を拾って、自由に記したものである。**第四部**は、法曹会の会員誌「法曹」のまえがきに年に三回の割合で書き綴ったものであるが、執筆を始めた平成七年から平成二二年までの分は単行本（「裁判官　フランスを歩く」青林書院）として出版されたので、その後のものを集めたものである。若いときにフランスで研修する機会があったというだけの理由で連載を担当することになったが、話題探しから難儀している。そのほかに、フランス関係のものを組み入れた。

というわけで、本書は、頼まれ仕事の駄文の寄せ集めといえるが、私にとっては自分を振り返る良い機会になった。この機会を与えてくださった法曹会には感謝するとともに、書籍化に当たって、資料の収集から編さんまですべてをお任せして大変お世話になった出版部編集課の稲葉唯さんには、心よりお礼を述べたい。

令和三年四月

門口　正人

目次

第三部　裁判官　企業を見る――155

初出一覧

本書に掲載されたエッセイの多くは，以下の書籍等に掲載されたエッセイを基に，一部を加筆・修正したものである。

なお，巻号数等の詳細は，各本文冒頭に記載した。転載にご協力いただいた各出版元に御礼申し上げる。

【第一部】

「裁判官は詐欺師？」　静岡新聞社『静岡新聞・夕刊』「窓辺」より

「裁判力」　中日新聞社『中日新聞・夕刊』「紙つぶて」より

「真実の発見」　札幌検察審査会『検審さっぽろ』

「人さまざま」　法曹会『法曹』「判事補の皆さんへ」より

【第二部】

「ストローカット」　法曹会『法曹』

「いびきの教訓」　東京地方裁判所『東京地裁広報』

「私のケース研究」　家庭事件研究会『ケース研究』

「次章へ」　同上

「忘れられない少年」　東京少年友の会『東京少年友の会通信』

「ゴルフのキャディーとピアノのセールス」　愛知県弁護士会『愛知県弁護士会会報』

「いろいろ見る」　三好企画『ほほづゑ』

「私のオリンピック」　同上

「尖ったもの」　同上

「二つの記憶」　同上

「ママのせいだ」　同上

「不機嫌な判決」　同上

「オルヴィエートの大聖堂」　同上

「幸福とは，幸福なんて，幸福こそ」　同上

「三つのおもてなし」　同上

【第三部】

「株主は元気か」　レクシスネクシス・ジャパン『Business Law Journal』「Insight」より

「企業統治二年」　経済法令研究会『金融・商事判例』「金融商事の目」より

【第四部】

「フランス語がレジスタンス」　法曹会『法曹』「まえがき」より

「なぜ『華の都』か」　京都地方裁判所『京都地裁時報』

「懐かしさは暗さにある」　三好企画『ほほづゑ』

第一部

裁判官
裁判をつぶやく

改築時の京都家庭裁判所

裁判官は詐欺師？

（「静岡新聞『窓辺』」掲載）

――裁判官のお正月

（平成15年1月9日掲載）

静岡で迎える初めての正月である。富士山の見える正月は、それだけでめでたい気がするが、裁判官にはめでたいとばかりは言っておれない。正月休みにも、逮捕状や勾《こう》留状などの令状を出したり緊急の裁判をしたりで、めでたさに待ったがかかることになる。不況の風をしのぐには娑婆《しゃば》よりも拘置所という輩《やから》もいて年末年始も裁判官の「商売」は繁盛ということになりかねない。

裁判官が中学校で講話をしたときに、「休日は何をしていますか」と質問を受けた。答えて、「子供を連れて買い物に行ったり、町内会の集まりに出たり、テニスをしたり、普通の人と変わりませんよ。ただ、週末に判決を書いたりすることもあります」。たしかに、日曜日の昼下がりや家人が寝静まった後に、判決の起案をすることも珍しくない。いつも事件のことが頭から去らない。電車が急カーブにさしかかったときに突然真相がひらめいたなんてアルキメデスもどきの話もある。

病気になったら医者にかかるよりも裁判官を辞めろと言う先輩がいた。丹念に事実を掘り下げ、ひたすら事件の落ち着きを考え、他人の痛みを自分のものとする営み。たいていの病気はこの営みから解放されれば治るというわけである。週末は別荘でバカンスは避暑地で、という欧米の裁判官の休暇は夢のまた夢としても、せめて休日くらいは人間くさい交わりの中に身を置きたいものだ。

雪国の裁判所での昔話。裁判官が正月休みのスキーを楽しんでいたところ、ゲレンデに妙なアナウンス。「○○さん、ご令嬢（令状）がお待ちで～す」。ともあれ、裁判所にも二〇〇三年が始まった。新しい年は、この「窓辺」によりかかって、裁判所に寄せられた疑問に答えていきたい。

〔平成15年1月16日掲載〕

――裁判官とお茶

松の内も過ぎればお酒からお茶。静岡の茶はさすがに美味《うま》い。三保の薪能のときの野点《のだて》の温《ぬく》もりや駿府お茶まつりの際に紅葉山庭園で喫した煎《せん》茶のすがすがしさは忘れがたい。おっと、愚妻の茶だって捨てたものではない。

判決書きに詰まって、夜半一服の茶をすするとき、裁判官は孤独に立ち向かう心がなければならないという先輩の言葉が思い出される。裁判官は、断を下すとき、事実のみを頼りとしてどこまでも独りである。

駆け出しの判事補のころのこと、暑い盛りに山の境界争いの事件で検証に出かけて見分を終えたとき、原告宅で麦茶が出された。裁判長は、その茶碗《わん》を決して手に取ろうとされない。帰途、渇きを訴える私に、裁判官は公正でなければならないと同時に公平らしさも必要であるから、一方の当事者宅でのみ茶を飲むわけにはいかないと説かれた。

だが、こんな話もある。検証を終えて原告宅で茶が出されたので、裁判長は、遠慮なく口にした。そのあと、特に必要があるわけでもないのに、まだ時間が早いから被告の家で休ませてもらおうじゃないかと言った。それを聞いた被告は、思わずにっこりしたという。人情に思いを致すこともまた大切である。

加えて、茶にまつわる故事を一つ。京都所司代板倉重宗は、訟を聴くのに、茶臼に茶をひいて不動の心を整えたとか。裁きによって人の心に平安を与えるためには、自らの心が揺れ動くものであってはならないというわけである。裁判の信頼を確保するために、先人は、これほどに心を砕いてきたのである。

そういえば、昨年の全国お茶まつりのスローガンは「緑茶文化が伝える和」。一杯の茶から争いの当事者にも和が生まれるのなら、これこそ茶徳であろう。

――裁判のあやまち

〔平成15年1月23日掲載〕

失敗学という学問があるそうである。失敗の原因を解明して失敗を防ぐことを目的とする。失敗を大目に見てほしい、とはノーベル化学賞受賞者の弁である。ミスジャッジはありますか、というのは高校生からの質問。

裁判の失敗を大目に見てほしいとは言えないが、裁判の失敗を防ぐこと、これが、なかなかの難事なのである。一つの事実を前にして当事者の言い分が真っ向から反するのは常。同じ物に対する目撃者の証言すら違うことも稀《まれ》ではない。もちろん証人は嘘を言わないと宣誓しているのだが。そもそも人間の目が当てにならない。西洋の歴史家が窓から路上の騒動を眺めていた翌日に、別の目撃者から自分の見ていたことと違う事実を言われて、愕《がく》然として執筆中の草稿を燃やしたとか。

小学生のころのこと、公園で遊んでいるときに、父親に伴われたかわいい女の児から、私をぶったのはこのお兄ちゃん、と言われて、閉口したことがよみがえる。思い違いは、人生の彩りであっても、裁判では厄介もの。当事者の言い分をしっかり聞いて、水脈を掘り当てるように証拠を吟味して、証言の食い違いを検証する。それでも真相に近づいたと思われないときもある。

さて、あやまちをなくすために、裁判官はこんな努力をする。物事の有り様を鵜《う》呑《の》みにせずになぜの問いを発する。失敗学で言う逆演算のごとく、反対の証拠を基に組み立て直す。他の全く無縁のような事例を持ってきて検証する。文献を調べ、過去の裁判例を探す。事柄を一般化して同僚の意見を聞く。納得するまで合議を重ねる。判決案ができあがると、いったん机の引き出しに入れて、しばらく寝かせる。

この原稿は寝かせる暇はないから、「失敗を大目に見てほしい」。

〔平成15年1月30日掲載〕

――裁判官は詐欺師？

法解釈は詐欺である。ある高名な解剖学者の言葉である。いつも法解釈を迫られる裁判官は詐欺師の親玉ということになる。理屈と膏薬はどこへでも付く、なんて言われることもある。

こんな事件があった。原告の所持する手形には金額欄に「壱百円」その右上段に「￥1、000、000－」と記載され、一〇〇円の収入印紙が貼付されている。原告は、この手形の振出人に対して手形金として一〇〇万円を請求した。第一審の裁判所は一〇〇円、第二審の裁判所は一〇〇万円の請求を認めた。そして、最高裁は、三対二で、一〇〇円に軍配を上げた。

「判決をするとき迷うことはありませんか」。中学生からの質問である。真実を見つけるのが一大難事であるが、事実に争いがなくとも、当てはめる法律の規定に広がりがあったり、法律について幾つもの解釈がされていたり、さらには法律がない場合だってあるから、裁判官の悩みは尽きない。裁判は、「法」と「人間」との調和を図る仕事とも言われる。このはざまで裁判官は大いに「迷う」のである。

名奉行大岡越前守を嘘《うそ》つきの名人という法学者がいた。大岡越前守の裁判が人情の機微をうがつ名裁判といわれるのは、嘘を上手についたからというわけである。厳格で動きのとれない法律を厳しく適用すれば、江戸庶民を恐怖に陥れることになったであろう。先輩裁判官は言う。断を下すとき、いったん六法全書を忘れろ、常識に頼れ、と。裁判官の嘘は、健全な常識そのものなのである。どうか裁判官の嘘を信用していただきたい。

もっとも深夜酔っ払って帰ったときの裁判官の「嘘」は、まず信用されない。健全な常識からはほど遠いのであろう。

〈平成15年2月6日掲載〉

——裁判官の顔

先だって能面を見る機会があった。静けさの中に多くの表情が見て取れるのに驚いた。ふと裁判官の顔は能面のようと言われたことを思い出す。苦虫をかみつぶしたような法廷の顔を能面の無表情にたとえたのだろう。

原告の言うことにうなずくと、被告からしかられる。被告人の言い分に眉をつり上げると、弁護人から予断を持っていると非難される。尋問の際にユーモアを交えると、傍聴人から不謹慎だというお手紙を頂戴する。そんな経験を重ねているうちに、裁判官は次第に無表情になってくる。

顔つきも、父母の遺伝子。悲しいかな、名優でない身。被害者の遺族の言葉に天井をにらみつけたり、生硬に公平を装うよりも、等身大で振る舞うに限ると達観。ところが、生身が出ると、「裁判官が法廷で涙」という見出しが躍る。「イエスは笑ったか」という神学論争もどきに、裁判官が笑った、と話題にされる。とかくやりにくい。

それでも、最近の民事裁判では、裁判官の心証を当事者に示すのが良いとされ、円卓で当事者と同じ目の高さで審理することも通常となってきた。幸いにも現代人の眼窩《がんか》も変化してきて垂れ目になってきたとか。やがて裁判官の顔も鬼面からえびす顔に変わってゆくのだろうか。

裁判では厳粛さも必要だが、人間らしさを届けるのも大切。我が国民の苦手とするユーモア精神が、余裕で寛容の精神であれば、もっと笑顔であっても良いのであろう。能役者が精神の緊迫感が破られたところに動きが生まれると言うように、張りつめた法廷の気を静かにゆるがしたいものである。

ときは節分。鬼にも角のない仏の化身があるそうな。裁判官も、仏の鬼を演じてみたい。くれぐれも「鬼の目にも涙」なんて言わないでほしい。

――法服とカラス天狗

〔平成15年2月14日掲載〕

今年は出雲阿国が京都で歌舞伎を始めて四〇〇年とか。素人歌舞伎を楽しむ友人から衣装の袖を脱ぐのが大変という便り。こちらは袖が通らないで苦労したことを思い出す。裁判長がすばやく法服を着て法廷に向かわれるのを見て、駆け出しの判事補は、緊張のうえに焦るばかりで袖に腕が通らない。明鏡止水が裁判の心とすれば、法服の着用も裁判の技術である。

法服をなぜ着るのか、法服はなぜ黒いか。弁護士や検察官も法服を着用する国もあるが、わが国では、裁判官と書記官だけ。法服の色は、多くの国で黒であるが、儀式用に赤色の豪華な法服を持つ国もある。法服の着用は、人を裁くべき者の職責の厳しさを象徴し、黒色は、他の色に染まることがない意味で公正さを表す。以上が公式的回答。法服は、墨染めの衣にも似て、自ら求めた疎外と内面の燃焼を秘すという先人の言葉にも惹《ひ》かれる。あらゆる色をのみ込むように清濁併せのむ度量が必要とも語っているよう。

フローベールの「紋切型辞典」で法服を引くと、「見る人を畏怖《いふ》せしむ」とある。無用の威厳を与えるようでは裁く者としては失敗である。こんな言葉もある。「私はなぜあなた方弁護士が法服をまとっているか知っている。それは女たちと同じくらい嘘《うそ》をつくためである」。たしかに法服は人格をも隠す。法廷を退いて和解室に移ったとき、わたしを見る当事者の目がいぶかしげである。法服を脱いだ私がいかにも軽げで到底裁判官に見えなかったと言う。「聖衣は必ずしも聖者を作らず」か。

娘が幼いころ、法服を見て、カラス天狗《てんぐ》みたいと笑った。カラスのように狡知《こうち》でも天狗のように高慢でもいけない。もっとも、長じた娘は、普段着の裁判官の姿に、せめて法服の袖口ほどの威厳があってほしいと辛い。

〔平成15年2月20日掲載〕

——ところ変われば裁判も

静岡の楽しみに魚釣りがある。魚籠《びく》に魚が跳ねているのを見ると、こちらの心も跳ねる。欧米では魚が跳ねるのを窒息寸前で苦しんでいると見るそうで、ドイツには魚の殺し方に関する命令というのもあったとか。国際化などと言っても感覚の違いは超えがたい。

訴訟社会といわれるアメリカでは、「裁判に訴える」という言葉がすぐに出てくる。雨に濡れたペット犬をオーブンに入れて死なせた件で、このような場合の警告をしなかったのが悪いとメーカーを訴え、太ったのはハンバーガー店の責任と訴える国である。隣同士で、借りた芝刈機で大けがをしたのは危険な物を貸した側に責任があると訴えるのも不思議ではない。ドイツでは、隣の窓に鳥かごをつるしてはならないとか、隣の犬がうるさいといった隣人相手の訴訟が年間四〇万人から起こされる。

権利は裁判で勝ち取るもの、これがドイツ住民の意識とか。一方、我が国では、隣人を訴えた裁判で、「隣人の好意につらい裁き」「近所付き合いに〝冷水〟」という見出しの記事が出る。

相手を負かさなければ獲物にありつけない狩猟民族と自然を相手に力を合わせて立ち向かう農耕民族に由来するのか。人種のるつぼ社会と均質社会、白黒をつける社会とあいまいさを残す社会。一方は、権利を勝ち取ろうとし、他方は、人情の機微をとらえた調整を求める。争いの解決の仕方や人を裁く仕組みなどは、すぐれてその国の風土に根ざしたもの。尺八は、オーケストラと協奏はできてもクラリネットのまねをすると滑稽《こっけい》である。

ふと最近買った電気スタンドの取扱説明書を見ると、手を挟むと危険とあった。このスタンドをつけて書いた原稿に口を挟まれても、説明不足を理由にメーカーを訴えるのはよそう、我が国では。

〈平成15年2月27日掲載〉

――法廷の睡魔

法廷で眠くなることはありませんか。鋭い質問に対しては、回答は後回し。

ある国から司法事情の視察があった。たまたま小学生が母親と裁判を傍聴しているのを見て、その国の高官が、「日本では子供の法廷傍聴は禁止されていないのか」と質問したそうである。パリの裁判所では、大道芸を見るように立って傍聴していた、「フィガロの結婚」の「傍聴人は只の板敷」の情景のままに。アメリカでは、禁煙の掲示のある傍聴席に灰皿が置かれている裁判所があるかと思えば、金属探知器で検査され、靴まで脱がされる裁判所もあるとか。我が国はといえば、もちろん法廷は誰にも開かれ、いすも用意されているし、靴を脱がされたとも聞かない。ただし、灰皿はない。

法廷のたたずまいは、様々であるが、いずれの国でも静かである。メキシコの最高裁判所では、路上の露天商の大音量に業を煮やして一部を移転するという。法廷は、人を裁く場であり、紛争の行く末を決する真剣勝負の場。騒然としていてはいけない。公正な裁判を妨げるときは退廷させられることにもなる。ある地方の集団による騒動事件のこと。傍聴席はいっぱいで、なかに上半身裸の者数人。裁判長は、その傍聴人らに着衣を命じた。「これが俺たちの制服や」と叫ぶ傍聴人に対して、悠然、「あんたも葬式には裸では出んやろ」。訴訟指揮も大変、眠ってはいられない。

けさ近くの公園を散歩していると、うぐいすの声。樹を見上げて次の声を待ったが、当てはずれ。まさか眠ったのではあるまい。うぐいすも監視人がいると、緊張するのだろうか。傍聴人は、法廷の監視人、睡魔からの救済者。これが冒頭の質問に対する回答であれば、ズルイ。

〔平成15年3月6日掲載〕

――スロー裁判

スローフード、さらにはスローライフがはやる。急げ急げから、ゆっくり立ち止まってみようというわけである。でも、原稿と裁判は、なお急げ急げである。休むに似たり、公事三年などと揶揄《やゆ》される。

裁判にどれくらいの時間がかかりますか。この質問に、民事裁判では平均八・五か月、刑事裁判では三・三か月、と答えるのは簡単。ただ、長い裁判があるのもまちがいない。遺産に絡む紛争などでは、次々と言い分が出てなかなか終わらない。争いの種がたくさんあったり、証人の数が多い場合はもちろん長くかかる。特に、わが国では、書面がない紛争が多いから、証人を丁寧に調べなければならない。一方、嫁しゅうとめの間で赤ん坊の引き渡しを争った事件では、超特急で判決。判決のときに赤子が小学生になっていたのでは困る。紛争もいろいろ、犯罪もいろいろ、したがって裁判もいろいろである。ちなみに、裁判の最長記録は、一九三年。ただし、今から四〇〇年前のイギリスのこと。

実は、紛争当事者からは裁判が遅いとは言われない。もっと調べてほしいと求められる。それに、経過する時間に何が行われているのかわからないという不安もあるようだ。そこで、裁判の進行状況や今後の予定を説明するように努めている。天災ならぬ判決が忘れたころにやってくるのはいただけない。遅延はだめだが、効率だけでもいけない。時間のかけ方に納得されることが肝要。これこそスロー裁判である。フランスのある裁判所では、当事者を一斉に午後二時に呼び出す。夜になっても辛抱強く自分の番を待つのに感心した。おっと、これはスロー裁判とは違う。

きょうは啓蟄《けいちつ》。時満ちて、春のぬくもりに虫たちは安心して顔を出す。裁判所タイムも、ぬくもりと安心の時間でありたい。

――裁判語翻訳機

〈平成15年3月14日掲載〉

日本語論のブームである。ことばが乱れるとか、表現力が衰えた、と言われるのは今に始まったことではない。判決文も悪文の筆頭にあげられて久しい。

ある判決は、一文が二八五一字になるとして、ケタ外れ長文病と評された。法文にも、主述はなれ病や修飾語句長すぎ病などの病気があるという。アメリカでも「法律家でない者にとっては、法律用語は、事実上一つの外国語である」とか。いずこも判決文や法文はわかりにくいというのが相場のようである。「愚かな裁判官は短い判決」なんてことわざもあるから、いよいよ厄介である。

言い分を正確に再現し、結論に至る理由を当事者が納得できるように示すのが判決文。約束事もあって、どうしても生硬になる。とりわけあいまいさを嫌う。たとえば、プライバシーの語。今や毎日のように耳にするこの語を、最高裁判所が初めて使ったのは、平成七年のこと。「裁判所では、日本語を用いる」と定められているから、日本語と認知されたものしか使用できないこともあるが、何よりあいまいさを嫌ったためであろう。人をたぶらかす「詐欺語」はもちろんいけない。判決を美文でつづることは忌むべきであると言われてきたのも理解できる。

話し言葉についても、早口で聞き取りにくくなっているという。聞く側の能力も落ちてきているという。法廷は、情報が交換される場。難解な言葉はできるだけ平易な言葉に換え、心にしみ通るように話す努力が必要であろう。「学者にも小学生にも同じ口調で語る」ことを心掛けたい。

ロウリンガルなる裁判語翻訳機が昨年の犬語翻訳機バウリンガルに次いでイグノーベル賞を受賞。「裁判官の生の言葉とかよりぃ、ロウリンガルとかのほうがイケテルみた〜い」との声。夢でよかった。

〔平成15年3月20日掲載〕

――ロボット裁判

鉄腕アトム誕生年でロボット大流行である。頭をなでるとかわいいしぐさを見せるペットロボ、来客を案内する二足歩行ロボから、今や学習しながら卓球をするロボットまで登場。だが、ロボットが裁判というわけにはいかない。

ロボット導入にはほど遠いが、裁判所にも、ささやかながら機械化が進んでいる。ネットワークで裁判の期日を管理したり、手続きの進行に応じて書類を自動印刷する。審理の場面では、当事者同士が遠く離れているときに電話で言い分を交わしたり、証人が遠隔地にいるときに法廷に出向かずにテレビで尋問をすることができる。刑事法廷では、被害者が加害者と接触することを避けるためにビデオを通して証人を調べる方法もある。

機械化の先進国アメリカでは、交通反則金や子供の養育費の支払いに自動払い機が利用され、手続きの案内が電話による自動応答システムで行われ、裁判の申し立ては電子情報の書式で受理される。法廷では、被告人が拘置所の中からビデオで答弁をし、弁護士は電話で弁論する。法廷の天井から天の声のごとく弁護士の声だけが響き渡る風景は、薄ら寒い。自動化といえば、連邦の刑事裁判に量刑ガイドラインが導入。犯罪類型表に、被害金額や銃器の使用の有無、被告人の態度や犯罪歴などを当てはめて刑期の範囲が決められる。これもちょっと怖い。

システムが整えられてくると、人間くさいはずの裁判が人の心から少しずつ離れてくるような気がする。被告人の声を肌に感じて、その思いを鉛筆の先に紡ぎ出したころが懐かしい。そういえば、チェスの世界チャンピオンがコンピューターと対戦して引き分け。チャンピオンの感想は、「相手は、人間的なチェスをする」。人間的であっても裁判官ロボットは、やはり怖い。

〔平成15年3月27日掲載〕

——裁判官は世間知らず？

「体が固いですね、真面目な仕事をしてるんでしょ」。六十の手習いで始めた弓道で看破された。人格は骨格にも表れるのかしら。

裁判官はコチコチの世間知らずと言われると、反論の仕様もない。コンビニで買い物をし、行きつけの居酒屋で管を巻き、週末に愛犬仲間と自慢話を交わす。何ともお粗末な世間である。その昔、キャディーのアルバイトで社用族の生態に触れ、ピアノの訪問販売で家々の様子をかいま見たが、そんな経験なんてたかが知れている。

人を裁く最後のよりどころは常識、常識は世間にある。古くから「良い法律家は悪い隣人」のことわざもあり、その世間を知ることが、容易ではない。その方策は？　信心深い僧が狸《たぬき》にだまされ、無学無信心の猟師が常識でもってそれを退治する話が教えてくれる。目の前にあるものをそのまま受け入れること。自然と親しみ、人と交わり、絵や音楽、書を楽しむなど、日々の営みの中で当たり前のことを当たり前のようにすること。そして、想像力と無知を知る謙虚な心さえあれば、世間を知る材料は身近にある。裁判所に出される解散届からでも景気の悪さや世相の厳しさを知ることができ、犯罪は社会を映す鏡と言われるとおり、刑事裁判を通して家族問題や組織のあり様まで見て取れる。裁判官も、科学者と同様、「もっともっと物わかりの悪いのみ込みの悪い田舎者であり朴念仁でなければならない」。

我が家の世論調査によると、「裁判官は世間知らず」を支持が75％。妻からみれば、誕生日に花束を贈らず、娘らからみれば、小遣いの相場を知らない裁判官は、世間知らずである。反論をしたいが、、、閉廷時間。

◈感想を寄せてくださった方々、章句などを引用させていただいた著者、そして長らく付き合ってくださった皆さまにお礼を申し上げます。

裁判力

（「中日新聞『紙つぶて』」掲載）

――サッカーW杯と裁判

〔平成22年7月2日掲載〕

サッカーワールドカップも大詰めである。グループリーグを勝ち上がった時、「チームスポーツであることを証明した」との監督の言葉が印象に残る。同時に二〇〇二年大会の監督の言葉も思い出される。「勝利は、監督、選手だけではなく、スタッフ、われわれを支えてくれたすべての人、そしてサポーターのもの」。

裁判も同じ。ピッチならぬ法廷で、最良の解決策を見つけるために、裁判官、検察官、弁護士が力を合わせ、新たに裁判員も加わって、当事者あるいは被告人、被害者とともに、ボールを追い求めるように、事件を浮かび上がらせ、法廷の裏では、多くの関係人がこれを支えている。まさに「裁判制度の業績は、警察官、検察官、弁護士、書記官、陪審員等の多数の関係者の相互作用の結果であり、裁判官はその鎖の中の一つの輪でしかない」（二〇〇八年欧州裁判官評議会第一一意見書）。

もちろん傍聴人も欠かせない。選手の動きとボールの行方を息を詰めて見張るように、法廷でのやりとりを逃すまいと身構えている。その目と耳は司法の質を一層高める。そして、裁判が国民の期待に応えるためには、国民というサポーターの心をしっかりとつかんでおかなければならない。法や裁判への信頼こそ社会の土台を支えているのだから。

今大会をにぎわせた話題は番狂わせとブブゼラの騒音とか。スタジアムを揺るがす熱狂ほどではなくとも、せめてブブゼラの一吹きほどの関心が常に裁判に向けられればよい。裁判に番狂わせは困るが。

〈平成22年7月9日掲載〉

――ユーモアを解するセンス

このところ、内外の政治家とも大変と思うことしきり。事あるごとに、マックス・ウェーバー先生のお出ましで、「情熱と責任感と判断力」に欠けると叱《しか》られる。先哲の至言では、宰相は「思いやりに満ちており、信義を重んじ、人間性にあふれ、公明正大で信心も厚い、と思わせる」ことを求められ、指導者は「忍耐、うまずたゆまぬ努力、口の堅さ」が必須と説かれる。

さて裁判官はというと、いにしえより「智、仁、勇」を備えるべきと諭され、西洋からは「思慮深さと経験、広い知識と人情に対する理解、均衡のとれた精神、天性の正義感、俊敏な理解力、卓越した記憶力、健全な肉体的条件、限りない辛抱づよさ、疲れを知らぬ勤勉、不撓《ふとう》の勇気、きわだった義務感、魅力のある作法、ユーモアを解するセンス」を託される。何だかめまいがしそうである。

中でも「ユーモアを解するセンス」が難物。そういえば、一五年ほど前のフランス映画に、権力に近づくための武器としてのエスプリとそこから遠ざけられる物笑いを扱った「リディキュール」があったが、「人間の真実、まなざしの優しさ、言葉の暴力」を痛烈に描いていたと評された。裁判はひたすら言葉にすがるもの。ユーモアすら武器とする応酬とそれを受け入れる心のゆとりをもって、人間の真実を発見したい。

ユーモアのつもりが、家庭ではさむ～いと突き放され、職場では一言多いと切り捨てられ、法廷では不謹慎と眉をひそめられる。いやはや難しいものだ。

〔平成22年7月16日掲載〕

――救急車を追いかける？

坂道を下っているとき、不覚にも転倒した。驚きばかりで感じなかった痛みが、救急車に乗るや、じわっと襲う。振り返っても、救急車を追ってくる弁護士はいなかった。

アメリカでは事件を追い求める弁護士を皮肉って救急車追っかけと呼ぶらしい。訴訟社会アメリカなんて言葉もある。たしかに、民事訴訟件数は年間一五六〇万件で我が国の七五万件の二〇倍。弁護士の数は一一〇万人、人口一〇万人当たり三五八人で我が国の二二人に比べて一六倍。隣人を相手にした訴訟で「隣人の好意につらい裁き」といった見出しが躍る社会から、コーヒーをこぼしてファストフード店を訴えて巨額の懲罰的賠償を得る社会を見て、違いばかりが強調されがちである。が、日米の間で、法の役割についての感覚などはやや異なるものの、裁判利用を好ましく思うかなどの調査ではそれほど違いがないらしい。

国によって社会の趣も司法の仕組みも異なるから、グローバリゼーションといって隣の芝生やその青さばかりに目を奪われると大やけどをしかねない。弁護士や訴訟の助けなしに法が行き渡っているとすれば結構なこと。要は、正当な権利行使が妨げられることのないように、社会の仕組み全体を見渡して目配りを怠らないことである。司法の女神には、足腰は強いが、控えめな姿が似合う。

行きずりの人に助けられ、救急車内で細やかな手当てを受けると、道路管理の不備で訴えようなんて考えもしぼむ。社会のありようも存外こんな機微によるのかもしれない。

〔平成22年7月23日掲載〕

――四つ葉のクローバー

「あら、四つ葉のクローバー。ここにも。私を呼んでるわ」とつれあいの声。梅雨の晴れ間に平城遷都一三〇〇年祭に誘われて奈良に遊んだ。大極殿の喧騒《けんそう》から逃れて東院庭園への道を散策している時のこと。そんな声聞こえないぞと答えると、「見つけてやるぞって欲があっちゃいけないの。それから遠くから見ることよ。近づきすぎると三つ葉が重なってるのにだまされるわ」。やがて大きな四つ葉を見つけて、オレを呼んでるぞ、と思わず大声を出す。

四つ葉と三つ葉の見た目の違いはわずか。しかも、探そうとする物は、よく似た物に隠されている。その上、目が慣れてくると違いを見失いがちである。時には思いこみや欲気が邪魔をする。人の世も、夫婦間のごたごたから国際取引の紛争まで、きっかけは些細《ささい》なもので、誤解や邪推に彩られてはいるものの、その虚実は紙一重である。食い違いをほぐし、正しいところを探すために、思いこみも欲気も切り捨てて、「離見の見」よろしく、いったん我見を離れて自分自身を見直した上、もう一度対象に迫ること、「心の目で見る」ように努めることが肝要と教わる。

さて、幸せの妖精が舞い降りるのを願っていると、歩行中に転倒。不運をかこつと、「この程度のけがですんだのが好運よ」とまたまた天の声。一つの事実も視点を変え、あるいは別の照射をすれば、違った姿が浮かび上がることがあるとも諭される。

小賢《こざか》しい理屈より社会の常識、それこそ裁判の心である。わが家の裁判員も頼もしい。

――裁判力

〔平成22年7月30日掲載〕

次から次へと「力」が湧《わ》いてくるものだ。老人力、鈍感力、悩む力等々。さて、裁判力は。

判決で実刑が宣告されるや、被告人の態度が豹変《ひょうへん》して驚いたとは、裁判員の感想である。別の裁判員は、自ら担当した事件の被告人がまもなく別の罪を犯して逮捕されたと知りがく然としたと言う。懸命に被告人と向き合うほど裏切られたという思いが強かろう。再犯率が41%とか執行猶予取消率が13%と伝えても慰めにはなるまい。

若いころの少年審判でのこと。しおらしく何でもハイハイと答えていた少年が、少年院送致を告げられると、突然席から立ち上がって暴言を吐きながら向かってきた。自分の未熟さとともに苦味も蘇《よみがえ》る。高名な刑事裁判官だって女性被告人に無罪を言い渡したところ、帰途たまたまその女性と会ってにっとほほえまれて、どきっとしたとの話も伝わる。

人間は嘘《うそ》をつく動物といえばそれまでだが、法廷はまるで嘘との闘いである。それでも、だまされたことを恥じるな、むしろだまされまいとして警戒する心を怖《おそ》れよと教えられてきた。裁判の本質は、正しさだけではなく、正しさに対する信頼と納得にあるとも諭された。人の奥底を見つめようとする営みに、少しのほころびがあっても、胸を張れはしないが、悲観することはない。真実に近づきたい、更生につなげたいとの思いが被告人らの心に届けばよい。
裁判力、それは正しさとひたむきさを伝える力。裁判力で、たまには感謝の手紙も届けられる。

〔平成22年8月6日掲載〕

――若杉裁判長

若杉裁判長は、人情をかみ分けた寛大な判決を下すことで有名であったが、ある少年の恐喝未遂事件では、少年が中学校の優等生であったうえ、被害がそれほど重大ではなかったのに、大方の予想に反して実刑を言い渡した。イギリスでは、サー・トーマス・ムーアの陪席判事は、スリ・窃盗などの事件で、加害者を責めないで被害者にこそ油断があるとして叱《しか》りつけていたが、やがて被害者を叱ることをしなくなった。ご存じ菊池寛の「若杉裁判長」と穂積陳重の「法廷の掏摸《すり》」（法窓夜話）から。

その変心《へんしん》のきっかけは、若杉裁判長は判決言い渡しの三日前に泥棒の侵入を受け、イギリスの判事は法廷で実際にスリ被害にあったことにあるという。一時的感情や主義にとらわれて人を裁くことは許されないと彼らを批判することはたやすい。一方、経験が人格を豊かにしたと評価することもできる。犯罪者だけではなく被害者の心奥まで透徹してはじめて血の通った判断ができるというわけである。

裁判は、全人格的判断であるといわれるが、個人的感情に流されてはならない。もちろん主観や主義で裁いてもいけない。裁判官も「良心を得るためにも若干の訓練を要するのである」（芥川龍之介「侏儒《しゅじゅ》の言葉」）。かんなかけの難しさは、大工でなければわかるまい。それを補うのは、常日ごろから世事万般に観察を怠らず、想像力を鍛えておくこと、そして裁判員の経験と知見。

裁判員の「理性的判断と感情的判断の間で揺れ動いた」との感想はもっともである。人を裁くのは容易ではない。

〈平成22年8月13日掲載〉

――裁判所のやることか

「大会社だけ救っておいて俺《おれ》たち中小の息の根を止める、それが裁判所のやることか」。大手ゼネコンの会社更生手続きの債権者集会。異様な熱気の中で、下請け業者の従業員やその家族らの困り切った様子が頭をよぎる。

裁判所も必死である。倒産処理は時間との勝負。申し立ての直後から徹夜で取締役らに資産状況や資金繰りなどをただし、現場に出かけて従業員や労働組合から意見を聴き、銀行には支援の継続を確認し、監督官庁には構造不況業界に対する抜本的な対策が必要であると訴えたりした。もちろん納品業者らの怒りにも耳を傾け、寄せられる苦情や相談事にも真摯《しんし》に対応した。

それに法律との勝負も控える。倒産は法律問題のるつぼと言われるように、次から次へと新奇の問題が生じる。手続きを進めるのに法律のみが支えとはいえ、杓子《しゃくし》定規にも彩りを添えなければ、人間味にも欠ける。そこは工夫のしどころ。債権者や株主らがどんなに多数であっても等しく安心を与えなければならない。

先行き不透明な社会経済状況を背景とすれば、倒産処理には得てして経済合理性が強調されやすい。行政や民間の知恵に比べれば、なるほど裁判所による倒産処理は、不器用で手間がかかる。胸を張って言えるのは、裁判所による再建策の策定と利害の調整にはまちがいなく公正と平等が担保されるということ。

さて、事件も無事終了。それでも冒頭の声の主の日焼けした顔が焼き付いて離れない。裁判官にはなかなか忘却力が身に付かないものだ。

〈平成22年8月20日掲載〉

――科学的

サッカーW杯の宴《うたげ》の後に誤審の問題が残った。判定を科学的にするためにビデオの導入が検討されるとか。

科学的といえば、犯罪捜査の分野では、DNA型鑑定、指掌紋自動識別システム、三次元顔画像システムなど科学技術の活用が推進されているという（平成二二年警察白書）。裁判においても、血液型や

ＤＮＡ型鑑定のほかに、指紋、足跡、筆跡、毛髪、声紋の鑑定、警察犬による臭気選別、ポリグラフ検査などが取り上げられてきた。いわゆる科学的証拠は、その正確性について、一方では、科学への信頼が強い暗示を与えかねないと指摘されている。そこで、裁判の場では、科学的法則を応用した技術に理論的妥当性があるかどうか、検査を実施した者に適格性があり、その検査の器具、資料、検査法などが信頼できるかどうかが慎重に検討されてきた。

たとえばこんな話がある。一個の指紋のうち一二の特徴が符合すれば、ほぼ同一人としてよいと確率論でいわれるが、他の証拠に照らすと、犯人とするにはどうも腑《ふ》に落ちない。再調査を依頼すると、一六点目に決定的な違いが発見されて、ほっとしたという（司法協会「法窓余話」より）。科学的というだけで安心するのは危険である。人は不正確さを忘却するおそれがあること、さらに世の中に非科学的なものが潜んでいることも心の片隅に置いておかねばならない。

小惑星探査機はやぶさに携わっていた科学者が寺社に参拝して無事帰還を祈ったという。科学も人間の営みなのである。

〔平成22年8月27日掲載〕

――壁の内で

「パリ20区、僕たちのクラス」（原題・壁の内で）を観《み》た。リアルな映像に驚くとともに、教育の真実を見据えているのに感心する。もっとも、これを語るのは熱すぎて猛暑には向かない。

わが「壁の内」はと法曹教育を見ると、二〇〇二年の司法制度改革を機に大きく変わった。法曹になるには、司法試験に合格して修習を経る必要があるが、改革によって、司法試験科目が変わり、中核の教育機関として法科大学院が設けられ、修習期間が二年から一年に短縮された。いま、その法曹養成制度が揺れている。

社会の諸分野で多様なニーズに応えることのできる法曹を育てるために、法学教育から司法修習までの各段階で連携を図るとの理念は肯《うなず》かれる。要はその理念が実現されるように努めること。法曹を目指す者が、考えることを停止して法律知識の詰め込みを急ぎ、人とのかかわりを避けて法律技術の習得にひた走るなんてことでは困る。

映画の少年と教師のように、どこまでも教師に食い下がり、徹底して生徒を追い込む「主体性と対話」は職業教育の場でも変わるまい。たまには「現代社会における成功の可能性」（昨年度フランス司法官試験）といった論述問題にも堂々と向き合ってもらいたい。そして、「人にして人を毛嫌いするなかれ」（福沢諭吉「学問のすすめ」）を心得て、「壁の内」から飛び出してほしいものだ。

さてわが修習時代を振り返れば、寒くなる。これは猛暑向きであるが紙面が尽きた。

――親子合宿

〔平成22年9月3日掲載〕

「父と仲が良くなってよかったです。この体験を今後の人生に生かし、成長していきたいです」。「息子の考え方の変化を知り、親子の距離が縮まった感じがしました」。家庭裁判所による「親子合宿」に参加した少年と父親の感想文の一部である。

家庭裁判所に送られてきた少年で、審判が行われなかったり、処分がされない場合が65％を占めると言うと驚かれる。実は、この場合でも、裁判官や家庭裁判所調査官から、少年のみならず保護者にも、指導助言をしたり、教師らと協力して生活環境を整えたり、被害者の気持ちを伝えて内省を促すなど、さまざまな働きかけが行われている。成人受刑者らに導入が検討されている社会奉仕活動についても、早くから、少年を福祉施設での介護補助や街の清掃活動などに従事させる取り組みが実施されてきた。

少年が非行に及ぶ背景にはいろいろな事情がある。保護者の養育態度に問題があったり、親子関係の希薄さが要因とみられることも少なくない。親子合宿では、少年の体験の幅を広げ、親子関係の改善を図るために、調査官の指導で、ボランティアの力も借りて、幾組かの親子が宿泊して、ペアでゲームをしたり、共同で野外炊事や木工作業などをする。やがて、少年は周囲のことを肌で感じることができるようになり、親は信頼し合うことの大切さを教えられる。

犯罪や非行は、その予防も後始末も社会が共に責任を負わなければならない。力を合わせて冒頭の親子の感想を本物にしたい。

〔平成22年9月10日掲載〕

――ムダ

事業仕分けが熱い。分かりやすく、何よりもムダをなくすというかけ声が受け入れやすいのであろう。効率性第一の時代にムダは敵である。

ムダではないかという疑問が裁判所にも寄せられる。同種の訴訟が各地の裁判所に次々と提起されることがあるが、一つの裁判所にまとめれば手間が省けるのではないか。同種訴訟が先行しているときに、後の裁判所が同じ証拠調べを繰り返す必要があるのか、すでに担当した裁判官に任せればよいのではないか。医療訴訟などの専門訴訟は、医学部出身者やその分野に造詣の深い裁判官に担当させるのが効率的ではないか、などなど。

たしかに、同種事件をまとめたり、先行裁判の証拠や判断などをそのまま利用したり、すでに専門知識や経験を持つ裁判官に委ねればムダがない。しかし、誰かの音頭で事件を一つの裁判所に集めたり、先行した裁判の資料をそのまま使ったり、勝手に担当の裁判官を決めたりすることはできない。

事件は、年度初めに決められた順序に従い、機械的に割り振られ、その変更や他の裁判所の資料の利用には、当事者の申し立てや担当裁判官の判断がかならず必要となる。それもこれも裁判の公正と裁判官の独立が何よりも大事だから。ムダの陰にも時に別の価値が隠れているというわけだ。「三年寝太郎」の眠りだって灌漑《かんがい》の思案にはムダではなかったはず。

深夜に帰宅して、公正な仕事のために息抜きはムダではないと言い張っても、受け入れられない。隠れた価値も信用されることが必要である。

〔平成22年9月17日掲載〕

――ムラとムリ

ムラも前回のムダ同様に嫌われる。「P地方裁判所で原告敗訴、Q地方裁判所で原告勝訴」。同種の訴えに結論の違った判決が出ると必ず大騒ぎされる。同じ被害者の事件で無罪なのに民事裁判で損害賠償が認められると矛盾ではないかとしかられる。

裁判の争点が同じでも、当事者が違えば、出される主張が異なる。主張が同じでも、提出される証拠が異なる。同じ違法行為でも、刑事と民事の裁判では、証明の程度や自白の扱いなどが異なる。そして、最終的判断は、それぞれ独立した裁判官に委ねられる。裁判にムラは避けられないという次第。それにしても主張も証拠も同じで裁判官によって結論が違うというムラはおかしいと言われると、さて。

家康の時代に、奉行の裁断を不当として訴えた者を、一人は斬罪《ざんざい》に、一人は放免にした。法を厳しく行うか、行き過ぎを是正するかで相反する結論となったという。時代は下って、手形の振出人に一〇〇万円を請求した事件。手形の金額欄には「壱百円」、その右上段に「¥1,000,000－」と記載され、一〇〇円の収入印紙が貼られている。第一審は一〇〇円、第二審は一〇〇万円を認め、最高裁は、三対一で一〇〇円に軍配を上げた。法律の字義を厳格に解釈した結末である。事実の評価や法律の解釈はとかく難しい。ムラも各裁判官の誠実の証しで、ムラを整えるのは、三審制。

裁判にムダとムラがつきものとしても、ムリはない。ムリな裁判運営もムリな法解釈もいけない。道理が引っ込んじゃ裁判ではない。

〈平成22年9月24日掲載〉

――本人訴訟

「夫の仇《かたき》をとりたいから、私一人で訴訟を続けます」。夫の死亡が医療ミスによると主張して損害賠償を求めた裁判の控訴人席である。

紛争当事者本人が弁護士らを選任しないで自力で訴訟活動をすることを本人訴訟という。地方裁判所の民事通常訴訟の実に72%で、原、被告のいずれかが本人自ら訴訟を進めている。その理由はさまざまである。経済的な事情などから弁護士を敬遠する場合には、法律扶助などで手を差しのべたり、弁護士側で日ごろから垣根を低くする努力をしなければならない。弁護士から依頼を断る場合にも、道しるべを示すなど何らかの手当てが必要であろう。アメリカでも、債権の回収などの訴訟で被告本人の権利保護が心配されていると聞く。

もちろん、自分自身で裁判にかかわってみたいという場合もある。その心理は、単なる好奇心から恨みを晴らしたいというものまでいろいろ。

使い勝手の良い司法を目指して、裁判所では、ネットや窓口案内などを利用して情報を手に入れられるように工夫している。が、現在の訴訟は高度に技術化専門化しているから、その活動は容易ではないはず。裁判所も、本人の自己責任と裁判所の後見的役割の間で揺らぐ。一方が弁護士を頼んで見事な訴訟活動をし、他方が自己流でいる場合に、公平中立を捨てるわけにはいかず、さりとて不均衡に目をつぶることもできない。

先の女性は、裁判に満足しただろうか。あだ討ち（?）の訴訟に裁判所はどんな助太刀を演じればよいのか悩ましい。

〈平成22年10月1日掲載〉

――下ごしらえ

夕食前のテレビで若い女性タレントが料理をしている。感心していると、台所から「甘いわね」の声。素材の見立てから調味料の計量、素材の刻みまでの見えない部分にこそ大変な苦労があると言う。裁判でも、料理の手さばきならぬ法廷の手綱さばきがうまくなければならないが、これに劣らず大事なのが下ごしらえ。裁判の産みの苦しみは、実は法廷の裏にこそある。

紛争を抱える者は、自分に有利な事情を強調し、苦し紛れの嘘《うそ》も持ち込む。代理人は、自分の頭で法律的に意味があると考える事実を選んで文章にし、依頼人に有利な証人や資料を探し出し、時に不利な資料などをしまい込む。次いで当事者双方が言い分と資料を突き合わせると、相手の手の内を見て言い分を練り直す。この段階までに、思い込みや誤解が混入し、時には作為が施されたりする。争点を絞り込み、法廷で調べる証拠を選び出す下ごしらえの作業で、裁判官は思い込みや作為などを見抜き、誤りを防ぐために「チームを率いて客の意向を満たすシェフは、非常に優れた料理人」（ジョエル・ロブション）を肝に銘じて当事者をよく指揮する必要がある。もちろん、素材の鮮度が落ちないように言い分も資料も期限内に出されるようにしなければならない。「料理人に最も欠くことのできない特質は時間の正確である」（サヴァラン「美味礼賛」）。

料理の出来栄えは、下ごしらえ次第。台所から運ばれてきたわが料理を前にして、不服を申し立てるには時機を失う。もちろん指揮能力はない。

〔平成22年10月8日掲載〕

――引き分けと預かり

白鵬の連勝記録の話題から、相撲に引き分けや預かりがあることを知った。二番取り直し後の水入りで引き分けにするとか、昔は花形同士の取組で双方にキズが付かないように勝負なしとしたという。

裁判でも、ローマの昔「私にはわからない」といって裁判官が身を引いたり、裁判延期という制度もあったとか。でも現代の裁判で無罪かどうか微妙なので引き分けというわけにはいかない。「裁判所あずかり～」なんて一度は宣言してみたいと思うが。

どうしても真相が不明なときがある。そんなときに頼れるのは立証責任。貸した金を返せと訴えを起こす。原告は金を貸したことを証明しさえすればよい。借金は返したとか、チャラの約束をしたとかは借り主側が証明の責任を負う。それぞれの証明ができない方が負けという次第。

そうはいっても真偽不明ではやはり落ち着かない。一億円の貸金請求訴訟で、被告は借りた覚えはないと言い張って和解の勧めにも応じない。たしかに、借用書もない、金の授受の仕方も不自然。唯

―原告に宛《あ》てた礼状があるが、それも別件のものと突っ張る。法廷では双方を対面させての質問もしてみたが、いずれが真実か迷いに迷った。判決では、交際の経緯も参考に、礼状を出す「常識」に従い、貸した事実の立証がされたとして被告に返済を命じたが。

世の中でもいずれが立証責任を負うのかが決まっていればよいのに。政治や報道にも。おっと三権分立、言論の自由。それでも引き分けや預かりがある世界はうらやましい。

〈平成22年10月15日掲載〉

――訴えてやる

野球の公式リーグ戦も終了した。大リーグでは、「完全試合が誤審で幻」なんて事件があった。後日談では審判員が誤審を認めて謝罪したとか。自分なら審判員を訴えてやるとの声があったが、はて。

裁判所では、大方の事件が取り扱われる。が、何もかも裁判で決着させるというわけにはいかない。裁判は、具体的な権利や法律関係に関する争いを裁く場。法律の手続きに従って法律を適用して処理するのに適した事件だけが対象となる。

具体的紛争でないもの、たとえば法律の解釈を求めるだけのものや自然科学上の認識の当否をめぐる争いはムリ。宗教の教義が正しいかどうかも裁判所では判断できない。自分の利益に直接かかわりのないものもいけない。法律上のもめ事でも、党員の内部処分を争うようなものは政党の自律性から困難な場合がある。訴える利益に疑問がある場合、たとえば貸した金が返ってこないのを心配して、返済期の前に返せというのもしばらく待ってということになる。中世の西洋で見られた動物を相手とした裁判も困る。

ちなみに、夫婦げんかは犬も食わないとはいえ、家庭裁判所では夫婦関係調整事件として毎日のように双方の言い分に真剣に耳を傾けている。

さて、野球の審判をめぐる争いは、やはりその世界で解決することがふさわしい。審判の取り消しを求めるのも、誤審を理由に慰謝料を求めるのも裁判所の判断にはなじむまい。

とはいえ、大概のことでは裁判所は頼りになるので、どうぞ遠慮なくお越しください。

〈平成22年10月22日掲載〉

――島のジャッジ

犯罪は社会を映す鏡といわれるが、裁判所の食堂からも社会が見える。

◆近ごろ大変ね。モンスターがいよいよ裁判所にもって感じ。そりゃお客さまは神様とは考えてるけど、理不尽な言いがかりがあまりに多いわ　◆家庭裁判所では前々からそう。争いごとが内向きだからかな。苦情の電話を受けると、一時間は離してくれない　◆調停委員もよく食ってかかられる。オレは裁判官と話しに来たんだ、素人の意見なんか聞きたくないだって　◆法廷でも逆ギレ。裁判官が問いただすと、そんなの言う必要ないだろなんて　◆言葉の揚げ足取りも今の社会の風潮かしら。一部だけ取り出して勝手に自分側に引き寄せて大騒ぎ　◆すぐキレる人が多くなったのは事実ね。でも世の中が閉塞《へいそく》状態だからって簡単に片付けたくない　◆裁判に負けたら裁判所が悪いってんじゃ法の支配なんてない。裁判所は最後のとりででしょ。もり立てようって気持ちがほしいね　◆英語でもドイツ語やフランス語でも、法と権利や正義は同じ言葉。正義と裁判所も同じだって。秩序を保つ法律も個人の持ってる権利もこれらを守る裁判所も一つのはず　◆小さな裁判所では、コミュニティー意識があるの。被告になった人も必ず出てきて申し訳ありませんって。手間がかかるけど、何だかホッとする　◆島の「ジャッジ」だね。島民みんなで支え合う裁判所なんてドラマの中だけの理想かな。

昼食をとりながら、力を合わせて理想の裁判所に近づきたいと願う。「望むことはできることだ」

――証拠もいろいろ

〔平成22年10月29日掲載〕

人生はいろいろであるが、人生を彩る証拠もいろいろ。以下の証拠の中で最も頼りになるものは？

ある母の人生。同じころに懐妊した兄嫁と弟嫁のうち、一方は流産し、他方は無事出産。自分こそ実母であると争った。裁きは弟嫁に軍配。証拠は、双方に赤子を取り合いさせた結果、兄嫁がいきな

り奪おうとし、弟嫁は悲しそうな顔をしたこと。（棠陰比事）

ある法師の人生。詐欺等で起訴。裁きは、追放。証拠として提出された文書は「偽造」であった。（明月記）

ある王子の人生。父の暗殺をほの知った王子は、現国王への復讐《ふくしゅう》のため芝居を催す。昼寝をしている王の耳に毒薬を入れる場面で、立ち上がる現国王、中止を命じる側近。芝居を中断させた行為こそ暗殺の証拠。（ハムレット）

ある夫人の人生。ベルギーのスーパーマーケットで猫用の食品缶詰を盗んだとして起訴。「前日に買った缶詰が飼い猫の口に合わなかったから返却するつもりで持ってきた」と主張し、無罪。証拠は、法廷に置かれた餌をひと嗅《か》ぎしただけの飼い猫のそぶり。（米原万里「わが家が一番」（ヒトのオスは飼わないの？）より）

証拠の扱いは要注意。もちろん正しく作られたものかどうかの点検が大事。状況証拠や供述には、雰囲気に左右されても、感情移入が過ぎてもいけない。「想像力　警戒すべきである」。（フローベール「紋切型辞典」）

さて、クイズの答えは、偽造の文書。起訴事実が文書偽造や詐欺であれば、偽造文書こそ動かぬ証拠。クイズにも人生にもひっかけがある。

一三人が無罪

〔平成22年11月5日掲載〕

事件からちょうど一〇年がたつ。フランス北部の街ウトロで、一〇歳の子が親から性的虐待を受けていると保母に訴えたことで予審が開始。捜査権限を持つ予審判事は、母親の供述をもとに、次々と拘置請求し、一七人を加重強姦《ごうかん》で送致した。が、容疑を認める四人を除く一三人が無罪。

司法の大惨事と大統領から評されて議会に設けられた調査委員会では、二二一人の関係者から延べ二〇〇時間にわたって事情聴取。出頭を求められた予審判事は、自ら経験不足を省みて「同僚に助言を求めなかったことを遺憾に思う」と述べた。委員会報告書は、証拠に基づかない取り調べや誘導的尋問などの手法に警告を発し、予審判事の問題点として、経験が少なく孤独であったこと、拘置裁判官や警察官の注意を聞き入れなかったことなどを指摘する。

予審判事の周辺は、前々から政治家の摘発などをめぐってにぎやかであった。なにぶん予審は一六世紀以来のフランス司法を支えてきた制度。バルザックに「フランスで最も権力のある人物」と言わせた地位である。ジュリアン・ソレルにとっては、「あわれな罪人を食いものにしようと」する形式家であり、メグレ警視は、予審判事をルイ一四世のように振る舞うと苦笑しつつ「理論太りした若手の司法官を信用していなかった」。

その予審制度も、今や廃止を含めて検討されているとか。揺るぎない制度ほど、日ごろからひび割れには目を配っておく必要がある。信頼を失うや瓦解も速く、再構築するには倍する汗と時間が要る。

〔平成22年11月12日掲載〕

――ノスタルジー商品

レトロブームも進んで、今や創業当時の容器を復活したノスタルジー商品や昔のはやり歌を歌いながら郷愁を誘う地をめぐる思い出ツアーなどもはやっているとか。

裁判もレトロという人がいた。たしかに、今の裁判手続きは、戦後に制定された刑事訴訟法や平成一〇年までは明治の民事訴訟法によっていた。証拠を吟味して真実を発見する作業は時代を超えて変わりはない。でも、ノスタルジーにふけってはいられない。

たとえば、離婚裁判は、ずっとレトロで、「自己の背徳行為により勝手に夫婦生活破綻《はたん》の原因をつくりながら、相手方がなお夫婦関係の継続を望むに拘《かか》わらず、離婚を強制するが如《ごと》きことは吾人《ごじん》の道徳観念の到底許さないところ」と昭和二九年の判決。それが変更されたのは実に三五年後。三六年間別居し、子もなく相手方に特に困る事情もない事案で、有責の配偶者からの請求であっても認められた。道徳にかかわる分野でのチェンジは特に難しい。

いまひとつ難しいのはわが身を省みること。昭和四〇年代になって法廷の傍聴席でメモをとることは原則禁止。法廷は、奉行が茶を挽《ひ》き、障子を隔てて臨んだように、厳粛でなければならず、証人や被告人に心理的影響を与えてもいけないというのが理屈。それが改められたのが平成元年。

時代は移り、価値観が変われど、法律はなかなか改められない。裁判所は、時代と法律の間で悩み、時に牛の歩みで時代を追う。なお、裁判員裁判は、大正の陪審法のノスタルジーではない、念のため。

〔平成22年11月19日掲載〕

――これも裁判

裁判所ツアーで中学生からいろいろな質問を受ける。法廷で眠くなることはありませんか、民事裁判や刑事裁判のほかにも仕事がありますか。

鋭い質問には回答を後回しにして、裁判所の扱う事件はと言えば、民事や刑事の裁判のほかに、地方・家庭裁判所だけでも、六〇種類を超える。

たとえば、過料。かつて「自動車会社に罰金」との記事があったが、これはリコールを届け出なかったときに科せられる過料のこと。法令に定められた義務に違反した場合の制裁で、多いのが登記義務違反。会社関係の登記を怠った場合などで、その数は年間四万件を下らない。法秩序の維持は裁判所の重要な役目である。

それに監督や許可。成年後見事件や倒産事件などでは、後見人などを選任して業務を監督する。借地上の建物の増改築に公平の立場で許可を与え、未成年者の養子を子の福祉に照らして許可し、最近では金融機関が破綻《はたん》した場合に株主総会に代わってする許可もある。国民の「監護」も裁判所に求められる役割である。

フランスで違法なダウンロードを取り締まる法律がいったん違憲とされたが、今年の初めに、切断命令を下す機関を行政機関から裁判所に修正して成立した。権利の制限にもやはり裁判所が似合う。

裁判所に期待されるものは公正さ、法曹に求められるものは誠実さ。最初の質問に、「記憶にございません」とか「検討しておきます」と答えれば、中学生の無垢《むく》な心を傷つける。「紙面が尽きた」と言うのはもっと不誠実か。

〈平成22年11月26日掲載〉

――法のことわざ

いま、法教育に力が入れられる。語り継がれる法格言は法教育の良い教科書である。もっとも、皮肉あり、相反するものあり、時に処世訓あり。

◆法。法が禁止はしていないが、無言のうちに非難している多くの事態がある。法には戒律がある――高潔に生きること、何人も害しないこと、人おのおのに分に応じたものを与えることである。

◆裁判。完全で迅速な裁判をせよ。性急な裁判は、不運の継母。◆裁判官。法を宣言する者であって、法を作る者ではない。◆訴訟。あらゆる訴訟は、不平不満である。訴訟からひきさがる人は、多くのものを利益として得る。◆審理。あまり極端な議論をすれば、真実は失われてしまう。微々たるものに注意を払うべきである。事実審理は、陪審が最善の情報を知り得るようなところで、行われるべきである。◆刑事裁判の原則。疑わしい場合には、被告人に有利に決定される。有罪の判決が下されるまでは、無罪とみなされる。◆証拠。証拠は価値を量るべきで、数を数えるべきではない。一人の目撃証人は、一〇人の伝聞証人に優《まさ》る。評判は、真実のないところに起こる一般的な意見である。◆犯罪。犯罪が処罰されずに放置されると、より大きな犯罪を招く。◆刑罰。刑罰は犯罪に合わせて量定されるべきである。◆判決。熟慮の末に言い渡された判決は、しばしば円熟したものになるが、匆々《そうそう》に言い渡された判決は、そうはならない。

最後に、「裁判官に対する尊敬が奪い去られるとき、国家は滅亡する」。引用は、主に守屋善輝「英米法諺《ほうげん》」から。

〔平成22年12月3日掲載〕

――お名前は？

「お名前を教えていただけますか」。ある倒産事件で関係金融機関から順次意見を聞いているときのこと。中堅の信用金庫の支店長の番になって、「私たちの業界では、初対面の方とお会いするときは必ずお名前を伺い、名刺を交換します」と言われた。なるほどごもっともである。

裁判官は、一人で裁判するときも、裁判所の名において仕事をしているという意識が身に付いている。いわば常に抽象的人格として事件に臨んでいるというわけである。

外からは、日本の裁判官の姿がよく見えず、個性がうかがえないとして、「名もない顔もない司法」（ダニエル・H・フット）なんて言われる。米国連邦最高裁判所の法廷の判事のいすが様々《さまざま》であったり、判決文の構成も各裁判官で異なるのは個性の表れであろう。一方、わが国側からは、米国の判決書の体裁が奔放で受け手にとっては苦労が多いと苦情が出る。たしかに、わが国の法廷のたたずまいや判決書の体裁はほぼ同じである。

「単独の裁判官は不正の裁判官」なんてことわざもある。個性が勝ちすぎて、ばらばらな審理や独りよがりの判決書の作成がされるのは困る。が、個の味が失われてもいけない。似たもの同士の裁判官が三人寄っても、文殊様はなかなかお出ましにはなるまい。昔は、工夫を凝らして、法廷に自分の色を出していたと聞く。画一化や効率化が時代の要請であっても個性は大事にしたい。

裁判の仕組みの中で各人の人間らしさを出す。そして違いをおおらかに受け入れてもらえれば、言うことはない。

――イワン・イリイチの医者

〈平成22年12月10日掲載〉

トルストイ没後一〇〇年で、命日に「イワン・イリイチの死」を読み返してみた。

イワン・イリイチは、控訴院判事として、三か月ほどの闘病の後に死んだ。予審判事になったとき、「すべての人間の命運が自分の手に握られていると感じるのだった」。やがて、原因不明の病魔におそわれ、医者を転々とするうちに、「医者の見せかけの威厳も、打診も、聴診も、明らかに無用な答えを要求する問診も」、すべて「彼が法廷で被告に対してとるのとまったく同じ」ことを発見する。病状をおそるおそる尋ねると、「私はすでにあなたに必要と思うこと、適切と思うことを話しました」「それ以上のことは検査が示してくれるでしょう」と突き放される。

昔から、医者、宗教家とともに、法律家は、専門家として仰がれてきたが、その仕事ぶりが「われわれに任せていただければ、万事大丈夫です。われわれはどんな問題にも必ず対処できる方法をわきまえています……という声が聞こえてきそうな、もったいぶった態度」ではいけない。専門家には、優しいまなざしとあたたかな心が求められよう。

司法制度改革審議会意見書は、「国民がその健康を保持する上で医師の存在が不可欠であるように、法曹はいわば『国民の社会生活上の医師』の役割を果たすべき存在である」という。イワン・イリイチの時代も、まさにアレクサンドル二世の司法改革の時であった。意見書のいう医師は、イワン・イリイチの医者であってはならない。訳文は望月哲男氏による。

〔平成22年12月17日掲載〕

――君、あなた、そちら

「被告人、被告人と呼ばないでください。犯人と決めつけてるじゃないですか」

刑事法廷で、被告人のことを、その昔は、その方《ほう》と呼び、場合に応じてそちら、お前、お前さんと呼んでいたとか。時代が下ると、そちらが一般化し、君、あなた、被告と呼ぶこともあった。やがて「被告人」が定着してくるが、固すぎるとの意見もある。被告人と呼んで立腹されるかと思えば、あなたとか君というと法廷の権威を失墜すると抗議を受ける。そこで「これからあなたを被告人と呼ぶ」と念入りなことにもなる〔司法協会「法窓余話」〕。証人は、立場によって、あなた、君、そちら、○○さん、先生などと使い分けるが、「証人」と呼ぶのが普通である。誰のことかと首をかしげられかねないが。少年になると、また難しい。姓で○○さん、時には名で○○君と呼ぶことが多い。

「裁判所では、日本語を用いる」〔裁判所法〕と縛りがあるだけ。その日本語が幾つかの二人称を用意するから悩ましい。称呼によって、証人に緊張を与えて口ごもられたり、被告人らにつむじを曲げられても困る。当事者から公平を疑われてもいけない。智に働けば角が立つ、情に棹《さお》させば流されることもある。それもこれも、真相を明らかにし（刑事訴訟法）、懇切、和やかに、内省を促し（少年法）、公正・迅速に行う（民事訴訟法）ための努力である。

家庭で、使い慣れない愛称を突然使ったりすると、下心がすぐに見破られる。呼び方は、人間関係を円滑にする基本でもある。

〔平成22年12月24日掲載〕

――裁判というもの

「裁判というものは、人気のないものである。公正に行われて当然のこととされる。たまたま誤判でもあれば、裁判全体が不信の目でみられるようになる」。定評のある教科書（我妻栄「法学概論」、兼子一「裁判法」）から、そのまま引用させていただく。

「社会の一般人としては裁判に対して、裁判官の使命を十分理解して、これをもり立てる意味で、好意ある忠言をすべきであると共に、他人の誹謗《ひぼう》的もしくは党派的な非難によって迷わされず、昂奮《こうふん》させられないように心掛けるべきである」「特に当事者の代理人や弁護人が訴訟上不利な裁判を受けたからといって、裁判の不当を宣伝し、裁判官を不公正または無能呼ばわりするようなものは、むしろ法廷において自己の認識と確信の根拠を再現する努力と技術の不足をこそ恥じるべきであって、法律家として卑怯《ひきょう》な負け惜しみにすぎないと評すべきである」「裁判官は、その努力の世間に知られないことを憂えず、『名裁判』によって喝采を博しようとする衒気《げんき》をもたず、しかも、世間の批判や圧力に屈せずに『良心に従ひ独立して』その職責を遂行すべきである。それが民主主義的な国家の秩序を維持するために欠くべからざる基盤をなすものであることを自覚して満足すべきである」

裁判の監視は必要。裁判所にとって社会の声を感知することも大事。度量のある批判と謙虚な受け止めを可能にするには、日ごろから相互理解に努めることが求められよう。

「紙つぶて」が少しでも役に立ったなら幸いである。

真実の発見

（「検審さっぽろ」第10号・昭和57年10月掲載）

真実を発見することは難しい。

むかしイギリスの歴史家サー・ローレイが窓から路上の騒動を眺めていたところ、そのすぐ後で別の目撃者からその騒動について報告を受けた。その観察が自分の観察したものとは本質的に違っていることを知ったサー・ローレイは執筆中の世界史第二巻の草稿をストーブに投げこんでしまったと伝えられています。また戦後の昭和二二年二月六日の各新聞が写真入りで、立春の時に卵が立つという事件を報道したことがあるようですが、立春という二四気の一つの時節に卵が立つというのが真実であるなら、地球の回転運動によるものか、あるいは卵の持つ神秘な力によるものということになって、これは科学に対する一つの挑戦的な事件ということになります（中谷宇吉郎「立春の卵」）。しかし立春の時節でなくとも卵は立つ。こんなことは、今日では広く知られています。世界中の人間が何百年という長い間卵が立たないと信じていたのは、中谷宇吉郎氏の言うように、本当に妙である。

真実の発見は、こうした一すじなわでいかないところや盲点のおとし穴に注意しながらの作業で、なかなかむずかしいことです。しかし私達は真実の発見が困難であるからといってその仕事を投げうつわけにはいきません。「十分吟味もしないうちに、さっさと悪を悪だと思い込んでしまうのは、高慢心となまけ心のなすわざだ。」とのいましめの言葉も痛く心を突き刺します。

刑事裁判の、いわば出発点となる公訴権の適正を図るために設けられた検察審査会の役割は、刑事裁判と同様、究極するところ正義を実現することにあり、その仕事はやはり過去の事実の中から真実を見つけ出すことにありましょう。

検察審査会三四年の実績に対する大方の評価は「なかなかよくやっている」という喜ばしいもので同慶のいたりです。これも審査に当られた審査員等関係者の真実発見と正義の実現に向けてのなみなみならぬ努力と、検察審査の仕事の意義とその果たす役割を確信しながらこの制度を多くの人々に理解して貰いたいという情熱に燃えている審査協会員の皆様の熱意に支えられてきた結果であろうと思います。心から敬意を捧げる次第です。

皆様の一層の御健勝と検察審査会制度の定着を願ってやみません。

人さまざま

――判事補の皆さんへ

（「法曹」第714号（平成22年4月号）掲載）

【はじめに】

本日は、名古屋地裁判事補会にお招きいただきありがとうございます。岡崎、豊橋支部のほか、津や岐阜の裁判所からもお越しいただいたそうですが、ご期待に沿うお話ができますか不安です。先日、瀬戸の窯元で焼き物に挑戦してきました。七四歳になる陶芸家は、一回の焼きで気に入る物は二、三点、使い物になるものは二割に満たないと語っていました。本日のお話しで使い物になるものが二割に満たないとしても、名人ならぬ身をお許し下さいますようにお願いします。

年末に整理していた本棚の奥から、皆様と同じころに読んでいた本を持参してきましたので、この三冊の本を案内人として取り留めのない話をさせていただきます。

【ラ・ブリュイエール「カラクテール」】

●裁判官は世間知らずとさんざん批判されてきました。たしかに世間を知っているかと問われれば、忸怩たるものがあります。ここは率直に頭を下げるしかありません。それにしても、「裁判官は世間知らず」などというカテゴリックな言い方は、法律家らしくありませんね。

●さて、著者ラ・ブリュイエールは、ご案内のとおり、モンテーニュ、ラ・ロシュフコーらとともに、フランスのモラリストと言われるひとりです。一六四五年にパリに生まれ、法律の研究に勤しみ、パリ高等法院の代言人となり、その後カンの収税官を務め、やがてブルボン公の傅育係を務めるまでになりました。その間、骨董店や書籍店をひやかすのを楽しみにしながら、古今の書物を読みあさり、人々や物事を観察するという日々を送っていました。その結果として、この書物が出来上がったと言っていいでしょう。特に代言人として、あるいはパリの裁判所の一傍聴人として、たくさんの人々や事件を見聞した結果が大いに映し出されたと言われています。本書が、「人さまざま又の名當世風俗誌」と題されているゆえんです。著者自ら、「まへがき」において、「人さまざまの性格即ち當世気質の色々を描いてゐる」と記しています。さらには、その目論見について、「人間一般を描かうと云ふ私の計画」と大見得を切っています。「読者が『徹底した人心観察』とか『自由にしてとらはれざる判断』に魅せられた」(関根秀雄)のがその功績と言っていいでしょうが、まさに、身振りや態度を観察することによって、当代の風儀風俗とともに恒久の人間像を精密に描き出したといえましょう。その観察の態度は、ただひたすら「人さまざま」を見続け、人間の表層だけでは把握しきれないものを把握しようとするものでした。この本から、観察の態度とその結果としての人間について学ぶべきものは多かったと思います。

●著者は、「まへがき」において、「格言を書かうと思ったのではない」と記してはいますが、マキシムを拾うこともできます。たとえば、「第五章　社交界及び社交について」から引いてみますと、「よく語るだけの才知を持たず、黙して言はざるだけの判断を持たないことこそ、大いなる悲惨である。それこそあらゆる無作法の根源である。」(18)とか、「物事について、それがよいとか悪いとか、どういふ理由でさふ思ふか、といふやうなことを慎ましやかに述べるには、良識と表現力とが必要である」(19)など枚挙にいとまがありません。モンテーニュを非難する二人に対して、「一人は十分に思索しなかったから、大いに思索して居る一人の著者が解らなかったのだ。もう一方は余りに精密に思索するので、自然のまゝの思想はすなほに受入れられないのである」(第一章　文學上の著作について44)と皮肉たっぷりです。十分に思索しないことはもとより、かといってあまりに細部にこだわることもいけませんね。もちろん代言人として法廷で多くの人間を観察したでしょうから、裁判あるいは裁判官にも手厳しい。「裁判官の義務は正邪を決することである。彼等の職業はそれを遷延することである。或る裁判官たちはその義務を知ってをり、しかもその職を行ってゐる」(第一四章　幾つかの習慣について43)「大いなる恩寵のうちにある女人が裁判にまけるといふことは、『絶對にありえぬこと』ではない」(同55)。また、「天下に人が一遍も見たことのないもの、いや恐らく金輪際見ることのあるまいと思はれるもの」として「控訴院長と大審院長、下級判事と上級判事とが仲よく話し合ってゐるのが見られるところ」（第五章50）と思わず笑うものもあります。

●ところで、裁判員裁判に臨むに当たっての心構えについていろいろ言われていますが、何ら特別なものはなく、和解手続において当事者と接し、非訟裁判において関係人に質したりする場合など、あらゆる裁判と同様に、そこには広い意味の社交のあり方を含む普段の私たちの生き方そのものが基礎にあるにすぎないといえるのではないでしょうか。「会話の精神とは、自らそれを發揮することでは決してなく、寧ろ人にそれを發揮させることである」（第五章　社交界及び社交について16）「思ふに禮儀の精神とは、我等の言葉遣ひや立居振舞によって相手をして我等にも自己にも満足せしめんとする、或る心遣ひのことであらう」（同32）「社交界において眞先に折れるのは道理である。最も賢明な人々が、往々にして最も氣の狂った者にひきまはされてゐる」（同41）「他の者よりずっと高い地位に在って反駁をうけることのなき人は、決して辛辣な嘲弄をしてはならない」（同53）。これだけでも当座は足りるでしょう。

●ついでに、そのころあわせて読んだラ・ロシュフコーの「箴言集」マキシムも、世間についていろいろと教えてくれます。著者は、公爵と呼称されるように、フランス王国の大貴族で、一七世紀のサロンにおいて、ラ・ブリュイエールと同様、日常茶飯の人間感情の動きを正直に追っていきます。この本は、その字義どおり、格言集ですが、冒頭に、「われわれの美徳は、ほとんど常に、仮装した悪徳にすぎない」と言うように、人間をむき出しにして痛烈な皮肉を浴びせかけています。たとえば、こんな具合です。「智は、いつも、情に一杯食わされる」一〇二「十分吟味もしないうちに、さっさと悪を悪だと思い込んでしまうのは、高慢心となまけ心とのなすわざだ」二六七「なまけ心こそは、あらゆる情熱のうちで、われわれにとっては全く未知の情熱である。……いささかもゆるがせにしてはならない仕事にとっては、暗礁にも大暴風にもまして危険な大凪である」六三〇というような。法や裁判に触れたものもあります。「穏和な裁判者の示す正義は、自分の気高さを愛する心にほかならぬ」五七九。痛烈ですね。

●私たちの扱う事件は、訴訟から過料裁判までいろいろとあり、その背景も、そこに登場する人物も、これまたまことにさまざまです。提出された解散届からも、会社の事情やそこで働く従業員の顔、果ては社会の景況まで見て取ることができます。それだけに日々取り扱う事件ほど世間を知る上に格好の材料はありません。それをどこまで見て取ることができるかは、私たちの姿勢に負っているといえます。私は、常々、裁判の要諦は、当事者、事件及び仕事の流儀の三つにおいて誠実で謙虚であることと考えています。このことは、かつて、家裁月報（六一巻一号二九頁）で述べておきました。拙稿は、「家庭裁判所の裁判官に求められるもの」と題していますが、裁判官のあり方一般について触れていますので、機会があれば、その部分だけでも読んでみてくだされば幸いです。謙虚に誠実に事件に向き合えば、事件にまつわる諸相が、世間を、時には私たちの生き方をすら教えてくれます。さらに、裁判において真実に迫るためには、努めて、社会を、社会を構成する人のあり様を知るように心掛けておかなければなりません。ひるがえって、社会の意識を把握することができ、視座も拡大することになるかもしれません。

●ラ・ブリュイエールの書物は、やや事々しいかもしれませんが、一部ながら、その材料を整理して提供してくれました。折々に自分の生き方を振り返り、人の観察の仕方を学び、何よりも人さまざまであることも認識したものでした。この種の書物は他にもたくさんあるでしょうが、ときどき読み返してみたいものですね、裁判に直接関係がないなどとけちなことを言わないで。

【ホームズ－ラスキ往復書簡集】

●裁判の仕事に携わっていますと、日々の仕事に追われて、広く勉強することなどなかなか難しく、息抜きすらうまくできなかったりします。裁判官としてどのように日々を過ごすべきか、どのように自己研さんを積むべきかと尋ねられますと、到底お答えしかねますが、私自身判事補のころにこの本からヒントを得たように記憶します。

●この本は、ホームズとラスキとの間で交わされた書簡を紹介したものです。二人は、申すまでもなく、アメリカ合衆国最高裁判事であり、英国の政治学者であります。ホームズとラスキの書簡の交換は、ホームズ七五歳、ラスキ二三歳の時に始まっていますが、このうち、一九三〇年から三五年までの分が収められていますから、ホームズの八九歳から九四歳の亡くなるまで、ラスキの三七歳から四二歳まで続いたことになります。二人は、激動の時代の中で、本来の業務を遂行しながら、静かに本を読み、その感想を書き送り、炉端のさまざまな出来事を紹介し合い、時には学説や裁判例を批判分析しています。なかには、高踏的な知の応酬もありますが、多くは身辺の雑事を笑い合っています。

手紙の交換は、ラスキが「一〇日も経つのにまだお返事を書きませんでした」と言うほどに、ほぼ二週間ごとに交わされ、特に、ラスキは、おびただしい書物を読んで、その感想をホームズに送ります。これに対して、ホームズは、あるとき面白い返事を送っています。「お手紙は、私のような憐れな老人にとって一つの教育です――しかしあなたが勧めて下さる本をみんな読もうとすると、その他には何もすることができないことになります――ところがサーシオレライの最初の一山が、窓の下に積んであって、私をにらんでいます」。こういった調子です。

●手紙の交換自体が喜びであることはもとより、二人は、実に多くの人と会って会話を楽しみ、読書にふけっています。ラスキは、「私は仕事とバランスをとって小説―大抵は軽いもの―を読みます」と言い、一方、ホームズは、「小説は、滑稽な、あるいは愉快なものを除いて、余り読まないということです」と言いながら、双方とも極めてたくさんの小説類にまで手を伸ばしています。また、二人が、常日頃から多くの人と会って、「それはすばらしい対話でした」とか、すてきな出会いだったと感じていることも好ましく思えます。二人の好奇心の旺盛さと観察力にも脱帽します。ラスキが行く先々で風情を観察し、たとえば、ドイツのコーヘムでは人々がワインを光にかざして生活をエンジョイし、駅の売店の本棚にゲーテやシラーやトーマス・マンがあることに感心する、道ばたの十字架やキリスト像からけだるさを感じ、カトリシズムのドイツ的形態について思いを巡らす、居酒屋や本屋の数を数えドイツ人の特徴を勤勉、質素、組織性と喝破する、イエールのロースクールの学生について「彼らは本を読んで、胸を引き裂かれるような気持ちになるとか、あるいは自分で考える習慣が得られるとかいうことはないのです」と批判する、などなど。

●さて、この書簡集から、妙な教訓を探すのは無粋というものでしょう。ただ二人のやりとりの中に思いやりとほほえみを見出して、安楽いすに座っているようなくつろぎを感じれば十分でしょう。それでも、私なりに当時感じたことをあえて申せば、一つは仕事の流儀、二つ目は対話の重要性、三つ目はユーモアの意義といったところでしょうか。

まずはその仕事ぶりに感嘆するとともに、大いに元気づけられもしました。ホームズの書簡をのぞき見ますと、「七四件ものサーシオレライの行嚢を受取ったばかりですが（私は昨日早速それに取組み、この日曜日はほとんどこれにかかり切りでした――二四件は片づけました――明日は秘書が苦しむはずです）」とか、「発つ前に、私は、修正第一四条の「法の適正手続」の濫用と私には思われるものについて、反対意見を書いておきました。……新聞が私のことを、反対意見の判事と呼んでいるのは残念です。私は反対するのは好きではないからです。しかしもし反対意見を述べるとすれば、そのときはずっと自由にものがいえます。多数を代表して意見を述べる時は、自分の意見ばかりでなく、他の人の意見もとり入れなければならないからです。合議体の決議はたった一人に任せない限り、いつでも平板なものになってしまいます」と言っていますが、仕事の流儀において先に申しました誠実と謙虚さが随所にうかがえます。ここではホームズに対する「傍観者的立場」に対する批判はひとまずおきます。ラスキも各種委員会での意見書の作成や労働紛争の仲介などで大忙しの生活がうかがえます。二人とも獅子奮迅の仕事ぶりですが、それでも、読者に仕事の激しさや辛さを感じさせないのはなぜでしょう。二人の、くつろぎと遊び心がそうさせるのでしょうか。

●二人は、単に意見を述べ合っているだけでもありません。時には同意し、時には批判もしています。「あなたは次から次にいいことを私に話してくださいます」と言いつつ、「あなたとディドロの意見には賛成しません」と明確に述べたり、自在に、余り強い印象は受けなかったとか、余り感動しませんでしたと応えています。二人は、対話を通して、ひたすら自分で考え、その考えを鍛え、そしてまた考えるという喜びに浸っていることがうかがえます。なお、ここには所収されていませんが、サッコとヴァンゼッティ事件についての二人の意見の対立は有名ですね。ここで脱線を許していただければ、私の大学時代のゼミの教授は、硬骨で博学の人でしたが、一方、歌舞伎や映画を愛する洒脱な人でした。私たちは、毎夏に信州で遊んだものでした。その教授が、法律を学ぶに当たっての心構えとして、まず論理学が必要と強調されていましたが、あわせて法学の勉強が独りでできるものではなく、常に他者と討論することが必要であるということを機会あるごとに言っていました。それに応えて、私たち学生も、事例に事情を加えたり削ったりしながら、議論のための議論というばかりに意見交換をしたものです。私たちのころは、大家族で日常の生活の中でも言い争いが絶えませんでしたが、今は少子化の時代ですから、議論をすることそのものを普段から意識的行動としておかなければいけないのかもしれませんね。ここで脱線を重ねますが、しかも大昔の話で恐縮ですが、フランスの司法研修所で勉強する機会があったときに、当時の研修課長（後の最高裁長官）から、各控訴院に宛てた研修指針に関する書簡をいただきました。そこには「ディアログ」と「イニシアティブ」という言葉が頻繁に出てきています。フランスの修習は、研究指導、調査研究活動、そして専門家と専門技術との出会いという三本柱から成っています。研究指導は我が国の修習方式と変わらないものですが、調査研究活動というのは、修習生各自が希望するテーマを提出して、そのテーマごとにグループを作って共に調査研究をするというもので、その書簡によれば、法曹は孤独ではあるが孤立してはならないとの趣旨から、研究指導を補って、各自のイニシアティブで「ディアログ」を重ねることの重要性が示されていたものと記憶しています。後日談ですが、この方が最高裁長官として来日されたときにお会いする機会があり、先ほどの書簡をお見せしましたところ、「下手な文章を残すものではないね」と笑っておられました。

日々の生活において、また、仕事の上において、対話することは欠かせないことですし、その習いによって裁判が決してひとりで遂行されるものではないこと、周囲の職員と共に行われることを認識することができるでしょう。さらには、その訓練によって、いつのまにか自分の中に批判的他者を持つことにもなりましょう。

●三つめのユーモア。ラスキが、「ハイネが、神の主要な属性は、ユーモアの感覚でなければならないといったのは正しい、ということを確信いたしました。」としたためていますが、この書簡集で私がもっとも感服いたしましたのは、このユーモアの感覚です。二人の、ユーモア溢れる筆致がうらやましい限りです。かつて、裁判官の資質について触れたものに、均衡のとれた精神、天性の正義感、疲れを知らぬ勤勉などとともに「ユーモアを解するセンス」が掲げられていました。私は、ユーモアやエスプリは、文化の奥行きであり、心のゆとりと思うのですが、このユーモアの感覚が、最近の私たちには最も縁遠い気がします。法廷だけではなく、いろいろな場面でもユーモアが試されているようにも思われます。心のゆとりを持っていれば、ユーザーの気持ちを把握することができ、裁判運営において課題を発見することも、新鮮な気持ちで将来を見据えることもできると思います。先に、ある新聞の投書欄に、裁判官が本人当事者を前に相手方弁護士を「センセイ」と呼ぶのを「ショックな体験」というのがありましたが、これなど心のゆとりがないものとして批判されても仕方ありませんね。

●この書簡集から、前にも申したとおり、教訓やお手本を探る必要はないでしょうし、凡俗の我が身を厳しく省みる必要はないでしょう。ラスキが、膨大な書籍を渉猟し、ホームズが九〇歳を超えてなお旺盛な好奇心を抱いていたことには、ただ恐れ入りますが、ラスキの挙げる書物を読もうなどとは端から思いませんし、ホームズの仕事を追いかけることも到底できません。ただ、二人の間に横たわる空気の中に何かホッとするものが感じられたものです。訳者の鵜飼信成があとがきに記すように、「年齢も性格も対照的な二人」が「相互の問題意識の差異と親近性」を浮き立たせるとともに、「最終的には互いに啓発し合」う姿には共感を覚えざるを得ません。冒頭の問いにあえて答えを見つけようとすれば、二人が、裁判あるいは学問に、生命の尽きるまで身を粉にしていたこと、しかも決して無理な姿勢ではなくむしろ楽しんでいることに素直に感嘆し、日常の生活それ自体の中に自分を陶冶する場面がたくさんあることに気が付けば、これに越したことはないと思っています。

【中村治朗「裁判の客観性をめぐって」】

●裁判官として日々事件に向き合っているときに、この結論でいいのかと悩んだり、自分が正しいと確信する結論が上級審で異なる判断をされたときに自問したりすることは、誰しも経験することでしょう。ことに、求められている判断に係る価値観の対立があるとき、時代がはげしく動いているときで新しい問題に直面したとき、憲法適合性の判断を求められるとき、立法の定めがないときや不明確なときなどに戸惑うことがあります。

●この本は、すでに皆さん読んでいらっしゃるでしょうから、簡単に留めます。「裁判官は誰でも、裁判とは何か、それはどうあるべきかについて根本的な疑問をもち、その答えを模索する、という経験を持っているであろう」と言う言葉で始まります。著者は、最高裁判所首席調査官を経て、最高裁判事になられた方で、アメリカ法に通暁され、特に行政法の分野において、難しい判断を求められる局面で指導的役割を果たされたとうかがっています。余談ですが、中村裁判官は、ご自分の主任ではない事件についても、厳しい意見を述べられ、合議に際して、疑問点をメモにして調査官や相裁判官に渡されますので、これを「中村メモ」と称して合議の場などでは緊張が走ったということが調査官室では語り継がれていました。

●さて、先に述べましたいろいろな悩みに遇うたびに本書を読み返したことを思い出しますが、そこに触れられている法律の解釈適用と違憲審査のあり方に関する二つの論争をめぐる諸説の詳しいことなどはすっかり忘れてしまっています。そこに一箇の回答が示されているわけでもありませんが、多くのヒントを与えられたと記憶します。

まず、中村裁判官は、「裁判観が、実際の裁判の場面において、予想外に大きな働きをしているのではないかと思う」として、「主観的な、ドグマティックな見解を固執する傾向に陥りがちな裁判官の通弊をいくぶんでも救うために」「みずからの裁判観の中にひそんでいるかもしれない歪み、欠陥、至らなさを発見し、これを是正するよすがとする」こととし、その上で「自己追求と自己吟味の精神」が裁判官にとって不可欠のものであると述べています。リアリズム法学に限界のあることはもちろんですが、裁判が裁判官の気質・性格、その時々の裁判官の生理的心理的状態、過去の生活体験、その社会的環境、育ってきた社会的環境や信奉やエトス等々によるというのは行き過ぎであっても、これらの影響があることはまったく否定しきれない以上、このことを常に自覚しておくことも必要ではないでしょうか。次に、裁判の権威について、「裁判官は、いわば無私の心をもってかかる客観的基準（注法という客観的な正当性の基準）を発見する特別の能力と資格を備えていると考えられているところに、その権威の根拠をもっている」。実践的にも、「自分が本能的・感情的に反撥するような意見や主張に対してこそ最も注意深く耳を傾けるという態度を努力して維持することである」という考えなど、日々の裁判の場面でも思い知らされます。正当づけの理論的根拠についても、先に対話の必要性に触れましたが、ここではディアレクティク論（弁証的論証）として、真実性を裏付ける客観的なテストを欠くが故に、可能な推論形式は、弁証的論証があるのみであるとあります。違憲審査に触れて、中村裁判官は、次のように述べています。「裁判官は、その責任を自覚すればするほど、求めて得られない叡智が自己に欠けていることの嘆きを発せずにはいられない。考えてみれば、このような自己問責以外に責任を追及されることのない権力的地位ほどおそろしいものはない。このおそろしさを感じなくなったとき、その人はもはや裁判官としての適格を失ったものとも言えるのではあるまいか。……このようなおそろしさを絶えずかみしめつつ、自己の判断の客観化が窮極的に不可能であるとしても、なおかつ及ぶ限りにおいてこれを追求する努力を重ねることのみが、その責任を果たす唯一の道であるのかもしれない」。ここで触れられている違憲審査権の論争と著者のそれについての考察も、現にそれを行使する立場におかれるかどうかにかかわらず、考え続けておかなければならないことを物語っているように思われます。そのほか、下級審の裁判官が上級審の判断に従うべきかどうかについても、厳しい考察がされていますし、冒頭の疑問についても回答を見つけられるかもしれません。

また、別のエッセイでは、裁判官の社会的責任についても、触れられています。

●裁判の根本義について、自分の頭で考え抜き、自己の内在に取り込むことを深く考察する著者の冷厳たる立場を私たちはかみしめなければならないのではないでしょうか。

【おわりに】

皆さんのはつらつとした姿を拝見していますと、任官した時の出来事が思い出されました。着任の挨拶にうかがった日に、配属部の部長（部総括判事）は、青焼き（こんな言葉も死語でしょうか）の小さな紙切れを私に下さいました。そこには「法曹」（昭和三八年四月号）の表紙裏にあるコラムの中から連邦地裁所長の「新任裁判官の十戒」が記載されていました。その部長は、その十戒の鑑さながらに、親切で、勤勉で、威厳があって、まっすぐな裁判官で、日々の裁判に真っ正面から向き合っている姿が印象的でした。私の内に自然この部長のために一生懸命仕事をしたい、裁判官として全うしたいという強い気持ちが芽生えたものでした。おかげで、今日まで、裁判の仕事に純粋に打ち込んでこられました。これが今申し上げました紙切れです。ぼろぼろで、今では判読すらできません、部長の心づくしに感激し、それ以来ずっと手帳に挟んで持っていましたので。

感傷にふける老人病が出てきましたので、おしまいにします。先週、津地裁に参ったときに、服部高顕元最高裁長官の筆になる色紙が掲げられていました。李白の「心和得天眞」。どうか皆さんには心和やかにしてただ一途楽しく仕事に邁進してくだされば幸いです。

（平成二二年二月一五日の名古屋地裁判事補会における講演録を掲載したものです。質疑応答の部分は割愛しました。）

かんじんなことは目に見えない

（平成23年11月29日名古屋民事調停協会連合会講演録）

1　はじめに

名古屋民事調停協会連合会には、創立六〇周年をお迎えになり、まことにおめでとうございます。一つの会が棒の貫くように続くことは、慶賀の至りに存じます。これからもますますご発展されることと心よりお祈り申し上げます。

この記念の大会にご招待賜り、まことに光栄に存じます。名古屋は、一年ぶりになります。ふるさとに帰ってきたという思いです。先日、ある宴席で、隣に著名な落語家が知人らしき女性と話しているのに出会いました。高座でいとも簡単に客席の空気を読んで笑わせているのに、ちっとも座が弾んでいない。プロの噺家でも職を果たす場以外ではなかなか受けない。もともと面白みのない裁判官の高座です。決して面白みがないことをあらかじめお断りしておきます。

さて、本日何を話そうか。調停の心得とか調停委員に求められる資質等については、すでに多くの先輩や専門家が語っておられるので、そちらに委ねます。あらかじめお題はと言われましたので、「かんじんなことは目に見えない」とお伝えしました。何だかもったいぶった題で恐縮ですが、調停に関して、当たり前のことで存外忘れられていることがあるのではないかと思い、そんなあたりを皆様と一緒に考えていきたいと思います。

2　調停に必要なもの

さて、調停に必要なものは、何でしょう。サンデル教授の授業のように双方向の熱血講義としましょうか。いかがですか。当事者の言い分をよく聞いて、それを理解し、よく説得するとか、高尚なお答えが返ってきそうですが、もっと当たり前のことから確認しましょう。

①まずは、紛争ですね。紛争のないところ調停することもありません。ちょっとひっかけみたいで申し訳ありません。次は何でしょう。

②二番目は、いうまでもなく当事者。たとえ紛争があっても当事者が求めてこなければ開店休業ですね。申立て主義ということです。

③三番目は、調停が行われる場所が必要です。通常は、調停室ですね。民事調停は、たとえば建築紛争など現場で行われることもありますが。

④四番目は、もう想像がつきますね。場所とくれば、時間ですね。紛争解決のためには相応の時間が必要です。決められた調停期日内で進められます。

⑤次は、費用です。調停にかかる費用といえば、すぐに中立費用だけと思いがちですが、それだけではありません。中立費用に還元されているとはいえ、人的費用に調停委員手当や職員の給与、物的費用に施設費があります。

⑥六番目になって、やっと皆さんがご登場です。調停委員ですね。紛争解決に調停委員が当然ではなく、調停であるから調停委員なのです。

⑦そして、裁判官。

⑧まだありますね。書記官らの裁判所職員も必要です。

⑨九番目に調停の道具ですね。条理であり、法であり、互譲を必要とします。

⑩そして区切りよく一〇番目。調停に欠かせないものに「ことば」があります。解決のためにはことばを尽くさなければなりません。

3 調停に見えない制約

それぞれについて、見ていきましょう。常日頃から携わっていることについては、当たり前のことがだんだん忘れたり、無意識になってくることがあります。しかし、存外、その当たり前のことが大事なこと大切なことだったりします。家族なんかその典型ですね。新聞ばかり読んでいると、きっと角が生えている傍の人に気が付きません。子どもが夜遊びをしていることに無関心で、ガールフレンドを家に連れてきて初めて知ったなんてことにもなりかねません。調停にも、たまには当たり前のようなことを見直すことがあってもいいのかもしれませんね。調停に不可欠な部分がそれぞれには制約というか枷となる部分があるかもしれません。

そこで、先に述べた一〇個の要素について考えていきましょう。

①まずは、**紛争**でしたね。ヒト、カネ、モノが激しく流動化する社会では、自ずから紛争体質になってきます。成熟した社会では心理的にもアレルギーを起こしやすいとも言われます。いろいろな場面で言い争いから戦争までいろいろな紛争が増えてくるのでしょう。権利意識が強まっているなどと言われ、役所の文書にも指摘されていますが、そう言われて久しいですね。そのものズバリの「いやな世の中〈自分様の時代〉」なんて本（勢古浩爾）もあります。クレーム社会とかモンスターペアレントなんてことも言われます。まさに自己主張大威張りの時代なのでしょうか。裁判は、よく医療にたとえられますが、病院でもクレーマーは今や普通の人で、生きることへの欲望と不安が攻撃的に出るとか。そのような患者に対して、無茶な言い分であっても辛抱強く聞く、そしてたしなめないことだそうです（虎の門病院小松秀樹「医療の限界」新潮新書）。メディテーションという分野でリフレイミングなどと言われていますが、辛抱強く聞くこと、このバランスが実に難しいわけですね。話がそれました。

紛争の中でも、調停で扱うものは、法律によれば、民事に関する紛争、人事訴訟その他家庭事件とあるだけです。調停では、通常の民事裁判や家事審判とかの法律上の紛争と言われるものに比して、拡がりがあり、多様な感じがしますね。裁判では、主に過去の事実を認定して法律を適用することになりますが、調停では、どちらかといえば将来を見据えたものが多いということも言えます。また、持ち込まれる紛争も、身近なもの、したがって繊細なものが多いともいえます。その手続きをみても、普通の民事裁判などではたくさんの決まりごとがありますが、決まった解決策があるわけでもなく、こまごまと決められていませんし、一律処理とか、マニュアル化に向いていない面があります。

②二番目は**当事者**。調停は、先ほど申し上げたとおり、多様で、また身近な紛争を扱うことから、当事者にも広がりがあるのでしょうか。兄弟、夫婦、親子、近隣など。

また、社会が紛争体質を帯びてきますと、いわゆるクレーマーとかモンスターと言われる人々も増えてくるというわけです。先ほどの本にも触れていますが、ちょっとしたことで謝罪を要求する者が増え、マスコミも有名人の軽微な法律違反でも反省が足りないという、懺悔要求社会ということになってきているとか。さらに、裁判が身近で使い勝手のいいようにと言いますから、裁判所はサービス機関という色彩を強め、当事者がますます神様になってくることでしょう。この二つの面から調停における当事者について、難しい問題が生じます。一つの制約面と言えるでしょう。

③**場所**についてはいかがでしょうか。通常は、調停室です。調停室などの場所の在りようも重要ですね。裁判所は、私たちにとっては、自らの職場であり、通いなれたところです。しかし、当事者にとっては、できれば行きたくない非日常の、異常空間です。この制約も意識しておかなければなりま

せん。医療にたとえれば、病院であり、なかでも診察室か医療ベッドのようになります。いかに立派な病院の素晴らしい病室であっても、決して快適とはいえない空間ですね。それは多くは、心のありようにかかっているからだと思います。調停の場も、当事者にとって息苦しい場になりかねません。物理的場所からくる制約が精神的なところに影響を及ぼしてはいけませんから、心が和むようなものに変えていかねばなりません。だからといって、寛いだ喫茶店や癒しのホテルなどで行うわけにはいきません。調停は、司法の作業であり、おおやけの務めとして、公的空間であり、裁判所という非日常空間としての制約があります。公的空間であることを強く意識しつつ、和やかさを演出するように工夫することが必要なのでしょうか。

④**時間**については、どうでしょう。調停の場所と同じように、公共時間としての制約があります。時間も公けのもので、そして、無限にあるわけではありません。夜間調停とか休日調停が求められることがありますが、裁判所の運営上限りがあります。

もう一つの問題は、おおやけの時間は、等しく配分されなければならないということです。裁判所における扱いには、常に公平性という縛りがあります。当事者は、これに対して極めて敏感です。紛争に難易はあっても、当事者の痛みはそれぞれ変わらず重いものです。皆様もご経験でしょう。相手方には三〇分も言い分を聞いてくれたのに、自分はほんの五分で済まされてしまったなどという当事者の不満が寄せられることがあったでしょう。時間の配分は、なかなか難しい問題です。

さらに難しくしているのが、当事者の意識ですね。調停は、紛争解決の簡易迅速な手立てと言われています。当事者は、紛争が、簡単に、あるいは短期間に解決されるものと思っています。その期待を裏切ることはできません。一方では、当事者の納得を得るために事件を急いでまとめようとしないこと、紛争の解決は柿が熟して落ちるのを待つように焦らずゆっくりと説くべきであるということがよく言われます。急がず、まとめず、が調停の要諦というわけです。このバランスも難しいところですね。訴訟では、かつて、裁判所タイムと揶揄され、真実の発見のためには、長期間がかかることを大目に見てほしいといった感覚がありましたが、現在では効率性が重視され、なかなかそうはいきません。こういう時代だからこそ、裁判所タイムがぬくもりのタイムでもあってほしいと願わざるを得ません。

⑤**費用**。費用について、簡単に触れておきますと、時間と同じようにいえます。どんな大事件であっても、些細と思われる争いであっても、同じ中立費用で賄われていることも忘れてはなりません。一方、中立費用の背景にある諸経費も考えながら、労力の配分も考慮しなければなりません。

⑥**調停委員**については、最後に触れることにしましょう。

⑦**裁判官と裁判所職員**、あるいは調停委員会について触れます。ホームズ—米国の最高裁判所判事ですね—が、裁判は裁判官一人の仕事ではない、多くの職員らの合作であるという趣旨を述懐しています。調停もまさにこのとおりです。調停は、調停委員一人の仕事ではありません。相調停委員がい

て、裁判官がいて裁判所職員がいてできる仕事なのです。

チームによる仕事は、それ自体制約でもありますね。時に重石に感じられることがありますね。自分ひとりであればうまくいくのにとか、相調停委員が勝手なことばかり言って台無しにするとか、裁判官が忙しくてせっかくの成立のタイミングを外してしまうといった具合に、独りでやるときに比べれば、余分な時間がかかったり、その調整に手間がかかったり、気苦労も尽きないということがあります。しかしチームによる仕事には、大きく見れば、良いことの方が多いと考えておくべきでしょう。何よりも、フランスで単独裁判官は不正な裁判官と永らく言われてきましたとおり、独りよがりや独善から免れる意味は大きいと思うべきでしょう。

⑧九番目の調停の道具についてお話します。

まず、条理とか常識とかいうものが、一律で共有できる法律と比べて、実に曖昧で、当事者同士で持っているものが異なるということです。一方では、調停もやはり司法ですから、そこにも自ずから制約があります。先ほども申しあげましたが、紛争に定型性がなく、あるいは解決策として用意されるものも幅広く、一律処理とかになじみがなく、それだけに、調停を試みる側に自在な心が求められます。調停委員の人格、それぞれの生きざまがかかわってくるといっても過言ではないでしょう。

次に、互譲。調停は、当事者の互譲によります。「決めるのはあなた」というわけです。裁判と比べてみましょう。同じ紛争の解決という目的を持ちながら、裁判では、当事者が不満であっても結論を出し、いざとなれば「強制力」でもって対処します。当事者は、自分の意見や主張に固執し、互譲によって紛争を解決しようという気持ちが薄く、納得も後退します。手続の上でも、きっちりと定められ、道具として法服の着用も用意されています。調停では、前に申しましたとおり、手続も自由で、道具として法服の着用もありません。納得が前面に出ます。アメリカでは解決策の提示はしないと言われています。自己決定に委ねるわけですね。自己責任が徹底されているといえます。コンフロンティングですね。それでも「法律はこうですよ」ということを示さなければいけない、問題提起型の返し方が必要とも言われます。それをそのまま我が国に持ってきて良いかは別ですが。

この納得というのがきわめて曲者です。調停成立が直ちに当事者が納得したということになりません。独りよがりに陥りやすいことを覚悟しておく必要があります。納得を見極めることは難しいことです。

紛争の解決における役割も自ずから変わってきます。納得をより深めるために、当事者に対する気づきと促しが中心になります。たまたま聴いたラジオの高校講座で高階杞一の詩「食事」を採り上げていました。そこで「人間よりずっと下の方から猫はこの世を見つめているんだと知った」というくだりがあります。気づきなんてこんなものでしょう。きわめて不安定な偶然の産物みたいなものでもあります。調停の作業は、きわめてデリケートでその道のりは不安定ででこぼこ道かもしれません。それでも、気付きや促しが強制に代わるものとして、北風と太陽ではありませんが、かえって力強いものになることもあります。強制でないことが、制約であると同時に強みでもあることを心得ておくべきでしょう。いずれにしろプロセスが大事というわけです。

ここで同席調停か別席調停かについて触れておきます。いずれが正しいと断言することはできません、一長一短かと思います。別席調停だと、誇張や誤解を正す機会がなく情報の精度が落ちるなどと言われます。決めつけないで事件の内容や当事者のあり様などに応じてきめ細かく対処していくのが良いと思います。公平さ、公平らしさも考慮しなければなりません。調停のカウンセリング機能というものも無視できません。アメリカの流儀を我が国にそのまま当てはめることは危険です。河合隼雄さんの言うところによれば、我が国の文化は関係性を核とするとか。関係性が優先、関係の総和が個。個人重視の欧米型とは異なる面があります。伝統性も無視してはいけませんね。

⑨その役割の中で終始重要な位置を占めるものが、一〇番目の「**ことば**」です。

そもそも紛争は、何らかの意思の疎通を欠いたり、誤解から生じることが多いといえましょう。ことばのやり取りの中のほんの一言が争いを大きくすることもありましょう。誤解も人生の彩りと言える場合は呑気なものですが、紛争渦中の当事者にとっては厄介なことです。

一方、その解決のためにも言葉がすべてと言えましょう。武蔵のような天才なら、目の力だけでもって相手を説き伏せることもできましょうが、武蔵ならぬ凡人にとっては、やはり言葉を費やして説得するしかありません。その場合、簡単な事柄を伝えるだけでもその表現に困難にぶつかることがあります。すとんと落ちないことに遭うことは皆様ご経験のとおりでしょう。ましてや人情の機微にかかわる部分では、誤解を恐れます。紛争の渦中にある当事者にとって、投げかけられた一言でもって自分の気持ちを踏みにじられたと思うことだってありましょう。実に難しいものです。ハンバーガー店のように、お召し上がりですか、お持ち帰りですか、といった決まり文句で応対することもできない面がありますね。その上、我が国では聴覚的言語能力が軽んじられてきたと言われますから、話し言葉による相互理解には、一層、困難にぶつかります。これも、制約といってよいでしょう。

⑩最後に、**調停委員**について触れます。

まず、調停委員は、民であるか官であるかと問われます。従来は、民間性というかボランティアという位置づけが強かったように思います。やがて昭和四九年以来任命制になって、非常勤の国家公務員として、手当も引き上げられて専門性が強調されてくるようになりました。これ自体大きな制約といえるでしょう。

ここで一つ加えますと、調停委員の最近の特徴として、四九年の規則の改正によって、「専門的な知識経験に基づく意見を述べる」と規定されているように、専門性が第一次的に位置づけられて、強調される傾向があります。たしかに、当事者も調停委員に対して専門性を求め、紛争の解決にも、当事者の説得にも、専門性が大いに役立つことは申すまでもありません。しかし、これをあまり強調しますと、調停委員としての大衆性といいましょうか、民の代表者としての地位が薄まることにもなりかねません。それによって情よりも理あるいは知に重きが置かれる気がしないでもない。その上、専門性というと何かちょっと優れていると錯覚しがちですので、しっかりと自分の立ち位置を見据えておく必要があるかもしれません。私自身を顧みましても、裁判官一筋でまいりましたが、実は何にも専門分野がありません。それは裁判というものが、人の話を聞いて、双方から提出された証拠を虚心に見たり、その背景を素直にとらえたり、といった具合で、人が日常に普通に行っていることを同じように行っているにすぎません。違っていることといえば、法壇で法服を着せられて感情を抑えたいかめしい顔で臨んでいることぐらいです。裁判官には、大きな素人であってほしい、矛盾ですが素人のプロであってほしいと願っています。調停委員についても同様で、大家ぶらないこと、専門家としての異臭を排して大きな素人に徹すること。官に取り込まれない民間の意識を持ち続けること。脱線しますが、裁判員制度もしかりで、いろいろと教育されて官に取り込まれるようでは意味がありませんね。

次に、調停委員の資質について。これまでも、多く語られてきましたが、高望みすればきりがありません。かつて所長就任の記者会見で理想の裁判官について尋ねられたときに、「暖かなまなざし、熱い心、据わった腹、頑健な体」と答えましたが、それはあらゆる職種を越えてのものでありましょう。調停委員の資質としても、理想型として心の中で描いておきたいところですね。

4　調停の見えないこころ

以上の制約を振り返って、調停における役割や調停に携わる上での志についてみますと、おおやけと自在がキーワードのように浮かび上がってきます。おおやけ心は、公的機関を背負って、公平な立場で当事者の話を聞き、当事者から一歩離れて、その心模様を理解する。自在の心は、自分の全人格をフル回転して、当事者に寄り添い、無私の境地で話し、聞き、諭すことでしょうか。おおやけ心と自在な心、考えてみれば、怖いですね。個人の全人格に委ねられているわけですから。このおおやけと自在の心を導くのは、やはり単純に、誠実と謙虚ということに尽きるでしょう。事件に対して、当事者に対して、そして仕事の流儀において。誠実とは、事件に対して何の偏見もなく向き合い、当事者との関係において心から聞き話すことであり、仕事の流儀において与えられた仕事を精一杯尽くし、相調停委員や裁判官と共に最良の解決策を求めるように努力することでしょうか。謙虚さとは、それぞれの場面で自分自身こそ育ててもらっていると考えることでしょうか。調停を司る方法として、「よく聞くべし、よく考えるべし、よく説くべし」なんて言われますね（高野耕一）。その通りでしょう。

余談ですが、二〇〇八年度新成人に対して「社会に出て必要だと思うもの〇〇力」とはとの問いに、何と答えていると思われますか。前に引用しました本に触れていましたが、「忍耐力や適応力」をしのいで、洞察（空気を読む）力が一位に輝いたとか。摩擦軋轢社会であるからこそ空気を読むことを求められ、空気を読むことに疲れるということになるのでしょうか。

5　調停のこころにおけるズレ

誠実と謙虚を心がけ、「よく聞くべし、よく考えるべし、よく説くべし」と思っていても、実際にはなかなかうまくいきませんね。皆さんのお顔にもそう書かれています。それは何故でしょうか。調停のこころの中に、調停委員個々人の中に意識されないズレがあるからではないでしょうか。すでにお話しした中でも触れてきましたが、調停の仕組みの中に、調停の運営の中に、調停に関わる人の中にもいろいろな制約があり、そして調停のこころの中にも、厄介なことにズレというものがあるように思います。それでは、ズレについて、一緒に考えてみたいと思います。

誠実に謙虚にと努めても、共感力、質問力、理解力、整理力といってもズレを認識しないでは独りよがりです。理解し、共感し、質問するにしても、その基底が傾いていたり、歪んでいれば、無意味ですね。ズレが危険であるのは、紛争を型にはめ、ともすれば紛争を自分に引き込んでしまうことであり、目先が見えるという過信から紛争を先取りして決めつけるといった具合です。専門家の落とし穴もここにあると言われます。ズレは、なかなか曲者で、頭で分かっているつもりでも、現実にはついそれに捕らわれています。自分に限ってそんなはずはないという誰しもが持っている自己愛、他者も自分と同じであるはずであるという独りよがりが、その実行を妨げるというわけです。今回の大地震ではありませんが、気が付かない地底のズレが大きな震災を引き起こしかねません。あらかじめそのズレを知っていて、被害を最小限にして、さらには新しい街づくりや活気のある生活を取り戻せるように準備しておくことが必要でありましょう。

それでは、ズレにはどんなものがあるのでしょう。いかがですか。ズレの種類も、社会レベルでは時代や環境、個人レベルでは、性別、年齢、生育歴、教育、職業、知識、教養、価値観などがあります。世代間格差なんて言われますね。このようなズレが、調停委員と当事者、調停委員同士、調停委員と裁判官との間で生じます。先にあげた各要素について、たとえば、時間や場所について、調停の道具としての常識や条理についても、当事者と調停委員側、調停委員同士、調停委員と裁判官との間でも、調停の過程で幾重にも認識のズレが生じます。紛争の実相には変わりがなくとも、時代や年齢によって、性別によって、紛争の位置づけや原因の受け止め方が違います。その受け止め方が違うと、解決の意欲や解決策も違ってきますから厄介です。

①まず、紛争自体のズレ。当事者間の誤解というズレが引き起こしたもの。誤解は人生の彩りと言っている限りはいいのですが、それを放置している間に、いつのまにか増幅して争いにまでなるということがよくあります。当事者双方にとっても、意外とそのズレに気が付かないままいがみ合っているなんてことも多いように思われます。調停を扱う側ではいち早くこのズレに気付きたいものですね。

②これは当事者同士のズレですが、たとえば調停委員と当事者とのズレで、それが時代のズレの場合はどうでしょうか。これは価値観のズレにも関わってきますね。漱石の「それから」では、代助が平岡に向かって平岡の妻三千代を巡って、三千代さんをくれないかとか、三千代を周旋したとか、ついには三千代さんは「君の所有だ」と言っていたのを思い出します。つい一世紀前のことですね。一方では、漱石は、すでにその時代を「現代の社会は孤立した人間の集合体に過ぎなかった。……家の中にいる人間もまた切れ切れになってしまった。文明は我らをして孤立せしむるものだ」などとずいぶん新しいことも言っているのですね。それにしても、年齢によって時間の過ぎ方が違いますね。驚くばかりです。若いときには快速電車がちょうどよかったのが、年を取ると普通電車のリズムがあってくる、といったようなものですね。

③さらに年齢差に性差が加わりますと、こんなことになります。かつて地方の小さな裁判所支部で女性調停委員からうかがった話ですが、ある男性調停委員の方が、離婚に絡む調停のときには、男と女は別れちゃいかん、縁を大事にせにゃいかんと自説を貫かれるので困ったということがありました。調停委員からクレームや不満が多いのは、この種のものです。

④次に多いのが、経験から来るものです。その道を極めると、ついつい高みに立ちます。専門的知識の独占から生まれる傲慢というものがあります。たとえば金融取引に長年携わっていた人が、その種の事件を前にして滔々と自分の考えを開陳したり、長年労使交渉を経験して来たエキスパートは、

その経験から当事者をなだめることが得意と思うことがあります。知らず知らずに優越的になったり、自分の描いた筋書きや価値観を押し付けたりするようになるわけです。

⑤職業や知識のほかにも、生育歴、教育、教養のズレでも、困難な問題があります。シェークスピアのオセロでは、オセロは肌の黒いムーア人、その妻デズデモーナは肌の白いヴェネツィア人、オセロにはおそらく大きなコンプレックスがあったのでしょう。悲劇の根本や紛争の背景には存外こんなことがあります。

しかも、ここでは、ことばの問題があります。ことばの時代によるズレもあります。余談ですが、最近は新聞を読まない者が多いといって嘆いている学者がいました。ツイッターに馴染んでいる若い当事者に、言葉の力が弱いと嘆いてもしようがありません。村上春樹の1Q84について、社会評論家二人の対談で、さっぱりわからんと言って批判的に見ていました。ことばと感覚、ロゴスとパトスの受け止めでしょうか。調停委員としては、同じ言葉を使う必要まではありませんが、当事者の土俵で相撲を取らなければならないことも自覚しておいてしかるべきでしょう、また、ことばのスピードの感覚もあります。こんなこと大したことじゃないかと思われるかもしれませんが、声に霊が宿るというように、決して小さいことではありませんね。NHKのアナウンサーの言葉が、一分間に三〇〇字あまりから五四〇字ほどになったと言われています。若者は年寄りの話のスピードにイライラするらしいですね。言葉の速さは、気分にも影響してきます。私たちもその速さに付き合うことはありませんが、当事者が、そして世の中が、このように言葉ひとつをとってみても急き立てられているということは知っておくべきでしょう。

⑥さらに深刻なズレに記憶のズレがあります。年齢、性別等を問わず記憶違いによる説得の困難さにぶつかることもあります。「健康な人が普通に生きていても、記憶は時間とともに必ず変形する。これは記憶力のいい悪いに関係ない。」「同じ事柄について同じ記憶を保っている、とは本人が確信しているだけで、脳全体が変わってしまえば違いがあっても気づかないはずだ」「覚えやすいように記憶を変形させている」といいます。嘘をついていると腹が立つこともあります。が、全く悪気もなく、その意識もなく、記憶違いから生まれるものがあるのも当然と心得ておかなければなりません。

6　ズレに備えるために

それではズレを補うための特効薬はあるのでしょうか。メディエーションの技法とかコミュニケーション技法として、科学的にいろいろなことが言われているようですが、難しいことはわかりません。ただ、経験的に見て、五つのことを申しておきます。

①まず第一は、常にズレがあることを当然のこととして認識し、避けられないことと心得ておくことではないでしょうか。繰り返しになりますが、ズレは常に身近にあるということです。皆様も、家庭で、夫に対して、妻に対して、あるいは子供に対して、きっとズレを感じたことがあるでしょう。

急いでいるときに限って、狭い道路を横に連なっておしゃべりしながら歩いている人がいて前に進めない、全く礼儀知らずと怒りがこみ上げてきますね。ひょっとして、前のおばさんたちは、子供の将来について大事な議論をしているのかもしれない、あるいは新しい相対性理論の発見について検証しているのかもしれない。自分の急用と礼儀や新理論の発見のいずれが重要か簡単には比べられませんね。おばさんたちとの認識にズレがあります。裁判で「予断排除の原則」なんて言われます。裁判官も予断を持つことがあり得ることを前提にして、それをもってはいけないと戒めているのです。裁判官自身もそのことを常に言い聞かせ訓練をしているわけです。先ほど申しましたように、裁判官は、大きな素人になるために、ズレを意識して、それの歪みに捕らわれないように努力するというわけです。

寺田寅彦の「柿の種」という随想には、何気ない一ページがあります。「新しい帽子を買ってうれしがっている人があるかと思うと、また一方では、古いよごれた帽子をかぶってうれしがっている人がある。」。存外こんなところでしょう。こういう当たり前のことをまず押さえておく必要があると思います。

調停にある程度経験も積み、慣れてきたころが最も危ないのかもしれませんね。惰性になったり、おごりが生じることがあったり、新鮮な眼で見ないで型にはまった見方をするようになる。そういう意味で、経験を積むに従い、ズレにおかされていると自戒をする必要があるのかも知れません。

②二つ目は、ディアログとイニシアティブ。当事者と、調停委員同士で、さらに裁判官との間で、自分の感じたところを率直に伝え、徹底的に意見を交わすことではないでしょうか。フランスの破棄院では、我が国と同様に、調査官がいます。その調査官には、老壮青から選ばれて課題に対して議論すると言われています。独善を未然に予防するためには、対話が重要というわけです。

③三つ目は、学ぶ心を失わないこと。想像力を鍛えることでしょうか。その方法として読書を挙げられますが、学びの機会はどこにでもあるでしょう。名古屋でよく見られる家庭菜園が好きな方は、土いじりの中で土の様子を見て苗の成長具合を見て想像力を鍛えていらっしゃるでしょう。

④四つ目は、これまた当然のことですが、徹底的に寄り添う習慣をつけることでしょうか。当事者は痛みを理解してもらうことが難しいと感じているはずです。心理学者の河合隼雄さんは、タクシーに乗ると運転手が身の上話を話し出すという逸話があるそうです。ただ、相づちを打つ、相づちの達人だそうですが、これが難しいんでしょうね。相手の苦しみを正面から受け止める、中心を外さずに、相手の魂だけを見つめるのだそうです。一方では、当事者となるなかれとも言われます。たしかに現場主義には抗しがたい魅力があって、それだけについついのめり込む危険もあるのでしょう。当事者にどこまで寄り添うかは、永遠の課題かもしれませんね。

フランスの推理小説にメグレシリーズがありますね。メグレ式捜査法なんてありますね。メグレ警視は、「犯罪捜査というものは代数の問題ではない。昨夜まで何にも知らなかった人間が相手なのだ。

……突然彼らの一挙一動、一言半句、が重要な意味を持つに到り、彼らの生活を細かい篩にかけなくてはならなくなるのだ。」「第一段階では、新しい環境にぶち当り、そこで出逢う人間も何が何やらまったく見当がつかず、彼（メグレ）はまるでそんな生活を機械的に吸い込んで、スポンジボールのようにふくらんでいくのだ。（↑偏見を持たないことですね）……彼は知らず知らずのうちに、その場の細かいことや各人のしぐさ、顔つきの変化、などを覚えていくのだ。」「できるだけ長い間、意見を持つこと（↑決めつけ、自分の土俵に引き込む）を差し控えるようにしているのだ。とにかく、意見など自分から作り出すものではない。精神を自由な状態にしておいて、決定的な証拠が出て来るまで、あるいは相手が崩れるまで待つのである。（↑まとめようとしない、効率的処理との戦い）」。

あまりにぴったりな教訓で思わず笑っちゃいますね。

⑤五つ目は、ゆとり、ユーモアのセンスではないでしょうか。「笑わない医師はよく治さない」というのがモンテーニュにあるそうです。下手な医者は患者の自然治癒力を殺す。笑いの心理的効果については、最近特に強調されますが、人と人とのカンヌキを外すのがユーモアだそうです。当事者の間にユーモアでもって垣根を低くし、同時に自分の中のズレにも気付かせてくれるかもしれません。当事者の自己治癒力を引き出すことにもつながるのではないでしょうか。

遠藤周作氏が言っていますが、正義のウラに潜む人間の本性。正義漢ごっこ、正義の味方の穴というのでしょうか。私たちは心すべきでしょう。調停委員も正義漢ごっこをしちゃいけません。

7　調停のこころ――総括

以上をまとめれば、「かんじんなことは目に見えない」を認識の中心に据え置いて、縦軸に誠実と謙虚さを、そして横軸にズレがあることを常に認識することでしょうか。

申し忘れていましたが、「かんじんなことは目に見えない」は、ご案内のとおり、星の王子様の言葉です。その方法は、とっても簡単だそうです、心を見るんだそうです。時には目に見えないものを見ることがあってても良いのかもしれませんね。何だか道徳講座のような締めになってしまいました。

8　おわりに

今から二年前の着任のころのことを思い出します。私は、異動しましたときに、事前にその職場のことや職員の人物評価などは一切見ないことにしていました。職場を去るときにその評価を見て、概ね一致はしますが、あまりの落差に驚くこともありました。赴任地についても同様で、着任のときには、名古屋については全くの白紙でしたが、名古屋文化は、堅実さだと気づきました。とすれば、本日の話は、すべていわずもがなだったように思います。そして、このたび、清水義範さんの本を読んでいますと、「我が郷里、名古屋の面白さ」で、「名古屋人は普通よりちょっと得をする、ということをこよなく愛する」とありました。どうせ買うならおまけのついている方を買って得だと喜ぶとか、コーヒー一〇杯分の値段で一一枚つづりのコーヒー・チケットが買えるとか、そんな得が何より好きだ、とありました。名古屋文化はおまけ文化で、なにか付加されないと気がすまないようなことが書いてありました。本日の講演にも、何かおまけを付けなければいけません。本日のお招きのきっかけが新聞の駄文（注：中日新聞「紙つぶて」）であることをお聞きしましたので、とても「お値打ち」とはいきませんが、新聞のコピーを用意してきましたので、お納めください。次の機会があれば、その折にはしっかりとおまけを持ってまいります。

おわりに、名古屋民事調停協会連合会のますますのご発展とご参会の皆様のご健勝をお祈りします。ご清聴ありがとうございます。

第二部

裁判官
世間をただよう

著者の愛犬　ペピート

ストローカット

（「法曹」第728号（平成23年6月号）掲載）

引っ越しの荷物が、年明けに届いた。正月早々からうんざりである。松が取れて荷解きに掛かる。暮れに自動掃除機に買い替えることを楽しみにしていた妻も、足の踏み場もない室内を見渡して、これじゃロボットがかわいそうとあきらめたようである。ダンボール箱のガムテープをはがし、本を棚に納めながら、この作業は、以前からちっとも変わらないなと思う。やがて、裁判官の仕事とも似ていると飛躍する。他人の手に頼ることも、機械に任せることもできず、特別の流儀があるわけではなく、年々歳々当たり前のことを当たり前のように愚直にするだけ、それにちょっと手を抜くと持て余す。よくぞ続けてこられたものだと感心しつつ、待てよ、これが最後の荷解きになるかもしれないと、やっと退官の感懐が起こってきた。それを潮に散髪に逃げようと悪い料簡である。

名古屋に赴任してはじめてその店を訪ねたのも金曜日であった。お屋敷街を一回りすると国道沿いにペンシルビルが立ち並ぶ。サインポールを見上げると、屋上になびく洗濯物が生々しい。店の外見は、古びてもいず、華やかさもない。ウインドウ越しに見る店内は、夏の残る陽ざしに負けず明るく、二つのいすが静かに客を待っている。年配の男性が、独り、道具一式を決まりの位置に並べ、合間に鏡で髪を整えている。スタンドカラーのシャツが若々しい。キリリと厳しい眉根が外界を拒むようであるが、もみあげから連なる白いあごひげと細い目がいかにも穏やかであった。それが決め手になって扉を開けた。

「お客さん、このカットどうです。」その意味も分からずに、なおうとうとしていると、続けて、

「ストローカットってんです。名古屋ではおそらくわしだけ。初めは気が付かんでも、そのうち分かってくるなも。」

斜めに鋭く切りこむのだそうだ。まるで武蔵である。次から次へとはさみを換えながら、どれも特注ですわと強調する。やがて、髪の中に何度も指を通しながら、しっとり感があるでしょ、と鏡の中の不審顔に同意を求める。しばらくは呑気な話であった。日用雑貨の買い物には通りを越えた○○屋がよい、秋になればフラワーパークに行ってみなさい、レンタカーは一町向こうの△△店が便利だと教わった。お互い助け合うのが名古屋人で、それほど偏屈じゃないとも訴えられた。

「具合はいかがですか。だんだんとなじんできたでしょ。」

次も、次の次も、同じ店を選んだ。平日の夜の六時に開店という変則な商いである。通りを隔てれ

ば、落ち着いたたたずまいの理容室があり、南の繁華街を目指して歩けば、モダンなヘアサロンにぶつかる。好き好んでこの店を利用することもあるまいとも思うが、髪と同じように、店の雰囲気にもなんだかなじんできた。

「いくつに見えます。」どう答えればいいのか、迷った挙句、正直こそ身上と心得て、六三、四かなと返すと、「いや、年とっとるもんで、七六歳ですわ。」と、してやったりの気配である。背筋が伸び、口舌もいっそう確かになる。

「私は養子なんだで。先代はどえりゃあ厳しうて、何度出て行こかと思うたか。家内の前ゃあけど、この野郎なんて気持ちも正直起こりましたわ。とにかく一々うるさいんだ。箸の上げ下ろしちゅうでしょ、それですわ。はさみの使い方はしゃあないけど、口のきき方まで……。言い返せませんわな。」

まゃあまゃあの名古屋弁が強くなって、眉間が少しばかり締まった。小柄でやや猫背気味の奥さんは、ますます小さく、洗顔台の周りを拭き続ける。どこまでも控えめである。

「職人のプライドってんですかね、そりゃあ、高いんだ。戦時中、この先に宮様が滞在されとるときに、呼ばれて宮様の頭を整えさせてもろうたもんで。私も職人だで、いつか見返してやろうなんてね。でもだんだん年取ってくるとまあええがゃあということになりゃした。宮様の頭はよう触らんかったけど、わしかて豊田さんや春田さんの頭はいじらしてもらいましたで。」

眉根がキリリとした。戦前戦中の一時期に東久邇稔彦や賀陽恒憲の宮様が居住していたという界隈は、白壁の塀と塀越しの緑が調和する屋敷街である。自動織機の豊田佐吉や貿易商の春田鉄次郎の屋敷は今も堂々たる構えである。少し足を延ばせば、電力事業を興した福沢桃介が貞奴と暮らした洋風の建物も残っている。有名な料亭は、その洋風のたたずまいから、一時期米軍に接収されたとか。尾張藩の中級武家屋敷の風情を残す一角もある。国道を越えれば、ネオ・バロック風の煉瓦造りが大正一一年に建てられた名古屋控訴院である。これらの地区が、白壁、主税町（ちからまち）、橦木町（しゅもくちょう）で、町名にも香りがある。床屋の主人も、このあたりの街並みの保存運動にかかわったというから、その成果もあろう。

二度目の夏を迎えた。

「今年も行ってきやした。青春18きっぷですわ、家内と二人で。今年は、只見線に乗りましたなも。家内はどうか知りゃせんけど、毎年、この計画を作るんが一番の楽しみですわ。」

時刻表の数字を見逃すまいと追う老眼鏡の姿は、ストローカットで切り込むはさみさばきとは異質である。しばらく青春きっぷの旅の話が一年一年とさかのぼって続いて、「名古屋で旅行に行かれたあですか。」と久々の質問である。初めて訪ねたときに、この近所でっか、車いすで難儀したときに、どしたんです、と尋ねられただけである。そして、一年と半年の付き合いの中で三つ目の質問である。伊勢志摩、湯谷、和倉、高山などを思い浮かべて八尾を選んだ。おわら風の盆。その響きだけで何とも魅惑的で、前年の八月に赴任するや、越中八尾に行きたいと思った。二一〇日の風が吹くとおわら一色に染まるという。案の定、風の盆の本番は旅館がいっぱいで、やむなく前夜祭に行くことにした。あいにくの雨模様で、高山本線の車窓に映る景色はなんとも物悲しい。旅館に着くや、早速一組の夫婦と一緒に踊りの手ほどきである。男踊りと女踊りを別々に男女の踊り手の所作をなぞってはみたけれど、どうも違う。難しい。夕食を終えると、バスに乗せられて街中に。すでに三味線と胡弓の音が聞こえる。いずれも編笠で顔を隠した、浴衣に黒帯の女と法被姿の男の町流しを、多くの観衆がとりまいている。雨上がりの湿った空気が幻想を濃くして色っぽい。翌朝に石畳を歩いているとき、軒先に酔芙蓉を見つけて、エンナカの水音とともに、すっかり忘れていた小説がよみがえる。八尾に酔芙蓉が咲くころ、一度きりの秘められた逢瀬は、今なお甘く残酷である。視察の際に、さびしいねと言うと、地元の職員からは、そんなの感傷ですわ、本当の寂しさはぶりおこしを経験せんと、と返ってきた。優しい季節からきびしい季節は覗けない。中央から地方が見えないのも道理かと妙に納得する。みやげに買った風の盆歌のＤＶＤはいまだ再生されないままである。

年の締めの散髪に出向いた。まだ一二月に入ったばかりである。それでも、二つのいすには、すでに客がある。これから理髪組合の寄り合いがあるという主人も、寡黙であった。やっと先客と代わり、残りの一人を見送ったとき、突然に、

「五年前に二軒隣から火ぃが出て、ここもやられたんですわ。災難はこんなもんで。それからだで、昼は役所で精ぇ出して夜ここで店開いとるんだわ。これからもローンの支払いが済むまで一生働かにゃならんですわ。わしら定年などありゃせんし。」と不敵な笑いが鏡にあった。ペンシルビルの風景が途端にくっきりと浮かんで、夜の六時に変則開店というわけも解けた。幾分ゆがんだキリリの眉が、宗春を反面教師にする名古屋人の質実さを誇っている。

扉を左手で支えながら、「来年もよろしくお願いします。」と言われて、師走の初めながら、思わず「よいお年を。」と返事した。襟を立てて歩き出してから、来年は名古屋にいないことに気付いた。引っ返したけれど、サインポールの灯があっという間に消された。なんだか大きな忘れ物をしたようである。通り過ぎる際に、カーテンが引かれた入り口の張り紙にはじめて気付いた。ワープロの文字で、「差をつけるお店　個性あるストローカット」とあった。

散髪から戻って、またためいきである。今回の分のダンボール箱がほぼ片付いても、倉庫を兼ねたような書斎もどきの部屋には幾つも箱が積まれている。開けるのが怖いほど埃を被ったままである。これまでの引っ越しの度に荷解きを後回しにしていた報いよと叱られる。たしかに、異動の都度、新たな記録読みに追われてうっちゃってきた。古い箱をしばし眺めながら、さて、昼も夜もなく一途に事件に向き合ってきただろうか、家族に青春18きっぷの楽しみを与えただろうか、ストローカットを見つけることができただろうかと、かすかに胸がうずく。そんな自戒の念もあっという間に消えて、定年のありがたさが身に染みる。引っ越し作業から解き放されるだけではなく。

それにしても、ストローカットとは何だったのか、その違いは今もってわからない。

いびきの教訓

（「東京地裁広報」平成13年5月1日掲載）

他人の犬の話など、ちっとも面白くない。かわいい、かわいいは当の本人だけである。しかも、筆力によってそのかわいさが伝わらないから、なお始末が悪い。と分かりつつ、我が家の犬の話をする。もちろん筆力はない。

我が家の犬は、名前をペピという。戸籍上は、ペピート。歳を問われると、家人は、平成一一年一一月一一日に一歳という言い方で自慢する。種類は、バセンジー。服飾ブランド名と時に混同する。バセンジー犬は、コンゴ出の狩猟犬。物の本によれば、ルーツは古代エジプトに遡るとか。そういえば狼に似た犬を博物館の装飾品に見たような気もする。飼い主の思いこみであろう。風貌は、りりしく額にしわあり、性格は、誠実で人なつっこい、とある。ここまでが犬種に共通の話。

ここからが我が家の犬。外見の特徴は、まずは世をはかなむ情けなやの面。そして足が長くない。我が家に来た数日は、とにかくピーピー泣いた。猫のようにである。名前は、あらかじめ決めてあったのだが、まるで自分の名前を遠吠えしているかのようである。今なお、ワンとは吠えない。キュッキュッと泣く。特技は一つ、散歩の途中でコンビニの自動ドアを無意識のうちに開けること。自分の尻尾を咬むべく試みる回転運動も特技といえなくもない。走るときは、自分の姿に見惚れる、もちろん自分のことのみ考えて周りに対するおもんばかりがない。飼い主が前を歩くのを極度に嫌う。言い換えれば、飼い主を従える。にもかかわらず、小便をするときには足を上げられない。大便は、人目をはばからず必ず道路の中央に寄ってする。前方に女性を見つけると、立ち止まる。言い忘れたが、ペピは雄である。三〇代の女性であれば、寝そべる。二〇代の女性であれば、さらに顔を差し出す。撫でなでをされると、狩猟犬のプライドを捨てる。その愛情表現の露骨さ故か、その分、他の犬からは敬遠される。やがて我が家の序列を察知し、妻、私、娘、息子の順にこき使う。一歳を過ぎた頃には、飼い主に対して追従を覚える。餌のねだり方が極めていやらしい。もっとも、ただ一匹で諸要求を貫徹するのは潔い。虚勢を張ることも始めた。猫、雀、蟻と積極的に交流を図るが、カラスに対しては大ぴらには吠えることをしない。遠くからにらみつけるのみ。成長につれ、世間智に長け、組織の論理を覚え込み、純粋さを捨てたのか、と家人は嘆く。二歳を過ぎても、義務という言葉を知らない。すなわち、食事前の「お手」のほか飼い主のいっさいの要求をはねつける。一方、権利という言葉は肌で覚えている。すなわち、抱かれて眠ることを要求する。さらに、恩を仇で返すことをする。糞の始末をしているときに飼い主を振り切って逃げること五〇〇メートル、飼い主が超音速旅客機のスピードで追いかけても止まらないのに、女子高校生のカワイイ声に急停止。この二年間で賞賛に値するのは、飼い主が酔って帰ったときに、泰然と睡眠を貪りながらいびきで教訓を垂れること。自分流に生きるべし、遠吠えをしないで直截もの申すべし、異犬種間交流を盛んにすべし、犬社会においては秩序を重んじるべし、時に飼い主に追従をすべし、など。

さて、犬が飼い主に似るというのは本当だろうか。

私のケース研究

（「ケース研究」第２９６号（平成20年第2号）掲載）

稽古の様子を写真に撮られた。立ち居の醜さにぞっとする。背筋が伸びていなければならないのに右に折れ、顔は正面ではなく上を向く。さんざん注意され、自分でも心がけていたにもかかわらずである。身体の見える部分でこれである。見えない部分は、いかがであろう。心の歪みだけは撮られたくない。

身辺雑事からもう一つ。古典回帰だそうである。新訳が出たというので、三十数年ぶりに読み返した。こんな場面があったろうかという箇所に幾つか当たるのは受け入れるとしても、主人公の危うさとともに世間との関わりに眼が向くのはなぜだろう。「こういう社交的な国では、きみは尊敬を勝ち得ないかぎり、不幸に甘んじる定めだろう。」「地位のある者については決して冗談をいわないこと。……物言いが少しでも率直な者のことは決して褒めないこと。」（野崎歓訳）等々。若者と老人の間でものの見方が異なることは理解されても、自分にあっては、いかに年とろうとも、判断の有り様にぶれがないと思い込んでいる節がある。加齢や立場の変化によって見方の物差しが揺れることには、なかなか気付かせてもらえないらしい。それにしても、「生きることを学ぶのは人生が過ぎ去ったときだ」とはいえ、老いに伴い得るものと失うものにバランスがとれているのだろうか。

ついでにもう一つ。今年のセンター試験に「彼岸過迄」を見つけた。「千代子と高木と僕」の関わりから、「僕」の心情について質問する。選択方式の出題で問題作成者には苦労があったろうが、正解にたどり着くのが難しかった。「内へとぐろを捲き込む性質」で「本来の自分を醜く彩っていた」須永と千代子のそれまでの微妙な奥行きを考えると、切り取られた場面から二人の心のあやを見て取るのは至難ではあるまいかと自分を納得させることとした。もっとも、人との関わりは、いつの場合も、舞台の一場面をその時の射光によってしか見ることができないということを心得ておかねばなるまい。モンテーニュも言っているではないか、「人間のさまざまな行動を検討しようとする人は、それらを継ぎ合わせて、同じ光にあてて見ようとするときほど、困惑することはない。」（宮下志朗訳）と。ここでもまた、普段の忘れ物を思い出させてもらった。

人の心と向き合う作業は大変である。証言の信用性や言い分の当否の判断などが自分に委ねられていることに、かつてはおそれを抱いていたが、いつの間にかそのおそれにも慣れて、そして今ではその事実自体を怖れる。省みて、審判や調停が人に関わる仕事として特殊かといえば、何ら特殊なことはない。自然科学だって異なるところはないと言う。肝心なことは、事実をありのままに見ること、論理を素直に追ってみること。そのためには、まずは思い込みや年齢等に既定された自分というものを虚心に見据えておかなければなるまい。私のケース研究から始めてみよう。

次章へ

ある雑誌に「オスマン前後のパリ」と題する特集記事があった。そこにはオスマン男爵による改造前と改造後のパリの写真が掲載されている。パンテオンに至るスフロ通りは小路を拓く瓦礫で埋まり、オペラ座周辺は陋屋と汚物が歓楽の跡を留め、バスティーユ記念塔を遠くに見てアンリ四世大通りを生む前の建物が気ままに残骸をさらしている。これらがまるで奇術師に帽子を被せられたように完璧なまでの都市空間に変えられている。しかし、オスマンの都市造りをめぐっては、生誕二〇〇年を迎えた今日なお賛否両論が喧しい。一方が、「絵のように美しい地区を世にも平凡で無味乾燥なものにしてしまった」といえば、他方は、「無秩序な世紀に彼は秩序をもたらしたのだ」と言う（ルネ・セディヨ「パリ」、河盛好蔵「パリの憂愁」から引用）。オスマンによる改造は、たしかに「私人の邸宅の樹木をなぎ倒し、リラの花の香りやマロニエの花」まで打ち捨てたことがあったとしても、当時の非衛生な生活環境からすると、その必要があったであろうし、しかも、いくつかの教会を救ったように「過去を充分に尊重することを知っていた」といえよう。

（「ケース研究」第300号（平成21年第2号）掲載）

家庭裁判所は、昭和二四年一月一日に創設され、同じ年に「ケース研究」第一号が発刊された。ちょうど六〇年前のことである。新たな制度は、裁判所系統の家事審判所と司法行政機関にあった少年審判所とが合体して創られたもので、その経緯にも紆余曲折があり、理念についても微妙な対立がみられたという。何事であれ変えることは難しいものだ。新しいものを作り上げることは、当然のことながら古いものを壊すことであり、古いものに価値が全くないということはありえないからである。「バラックの建て込みや、粗慥への柱頭と円柱の重なり合った堆積や、雑草や、溜り水で青苔のついた大きな石塊」にも含蓄があろうし、「なつかしいわが思出の数々は岩よりも重い」というボードレールの嘆き〈悪の華〈白鳥〉〉も単なる郷愁だけではあるまい。新たなものを造るに当たっては、旧来のものの価値を見極めて慎重にその取捨を試みつつ新風を謙虚にかつ大胆に受け入れることが肝要であろう。そして、さらに歩みを進めるに当たっては、次なる一歩が常に先人の築き上げた道の上に刻まれることを肝に銘じながら、新たに造られたものの時代適合性について検証を怠ることなく、古い陋屋のしみの生まれた由縁をたどりつつ緑の広場に造り替えるものでなければなるまい。その場合には、我が国の宮大工が「今できる精いっぱいのものさえ造っておけば、何百年後でも技を読み取る人は必ずいる」と言い、沈金師が「伝統はふまえつつも守ってばかりではいけません。……昔と同じことの繰り返しではだめなんです」と言う気概（小川三夫・前史雄、日本経済新聞より）をもって臨みたいものである。

家庭裁判所創設六〇年の記念の年を迎え、力を合わせて、その次章を作り上げ、ケース研究誌に新たな彩りを添えてみたい。

忘れられない少年

――三三年前の留学生の手紙から――

（「東京少年友の会通信」第１０９号（平成19年6月15日）掲載）

マダム・ブテが強く抱きしめると、少年は、はじめて、ちょっぴりほほえんで、こっくりと頷いた。

ボルドー郊外から市街を抜けてしばらく野原を一直線に走り続ける。マダム・ブテの運転は、少々荒っぽい。気性は繊細で優しいのに、エネルギッシュな仕事ぶりがハンドルさばきに出るのか、これこそフランス式運転なのか。「私のことを、みんなはマダムと呼ぶけれど、正確にはマドモアゼル。セリバテール（独身）なの」「バカロレアを取って国家試験に合格して、一年間矯正研修所や保護観察委員会で研修を受けて、それからずっとこの仕事。振り返ってみるとおばあちゃん」アシスタントソシアルのブテ嬢は、東洋から来た研修生に首席少年裁判官室でこう自己紹介した。ランド地方を走り抜ける途中、一度だけ信号で止まったときに、「ヒュ（信号）ってうまく発音できないんだ」「ありがたいことよ、表現できるだけで」というのが唯一の会話らしい会話で、車中、少年のことは一切聞かされなかった。ブテ嬢の答えも謎のまま、ひたすら少年の家に向かう。年数を経たルノー車を揺する風は、まさにモーリアックの「松林の松の間を吹き抜けて私の存在の深奥で愁訴の声を上げる」ものであった。着いたときは、薄暮。ひっそりとたたずむ田舎家の玄関口で、少年と祖父母と妹に出迎えられた。第一印象は、フランスの家はなんて暗いのか。その暗闇の中で少年のシャツの白さだけが目立った。そういえば、前週の研修ステージの行刑判事も六時を過ぎてもなかなか電灯を点けない。ただでさえ受け付けない矯正記録のフランス語の活字がますます遠ざかって閉口したものだ。だが、夕刻のせいばかりではあるまい、少年の家を取り巻くランドの冷気が暗くしていたのかもしれない。はじめてボルドー駅に降り立ったとき青空を拒絶するガロンヌ河の流れとカフェの外国人労働者の倦怠に気が滅入ったことが蘇る。

部屋の片隅で小さくなっている若者を日本の裁判官と紹介されて、祖父母は、ほほえみを返すが、その笑みは柔らかくはなかった。ブテさんの声だけが部屋中にひびきわたっていたとき、農作業を終えた父親が現れて、「アンシャンテ」と言いながら、大きなしわくちゃの手を差し出した。ミレーの画を切り取ったような家族の情景。父親の口数は少なく、会話も弾まない。少年は気恥ずかしそうであった。何に対してだろうか、こんなちっぽけな家にということか、無骨な家族に対してか、あるいは自分自身のことか。やがて食卓に温められたテーブルワインにチーズとバゲットが用意される。暖炉のちろちろとした火とともに、次第に家族の顔が和む。父が少年を引き寄せてその頭を撫でる。少年がはにかむ素振りをする。家族はこれで十分だという共通の思いが支配する。「大丈夫よ、もう」。ブテさんのその言葉を残して私たちは田舎家を辞去した。緘黙の少年の声は最後まで聞かれなかった。往路の車中のブテさんの言葉が今になって身に応える。振り返ると、居間の灯りに照らされて少年の細い腕が私たちに向かって小さく振られていた。ほんの少しだけ心が軽くなった。

帰り着くと、二歳の息子は眠っていた。枕元には「雨傘のエミリーちゃん」の絵本。今朝も保育園に泣きながら行って、昼寝時間も保母さんに抱かれて一人起きていたとか。夢でも見ているのだろう、唇の端に笑みがあった。少年も、今頃は眠りに就いたろう。少年の名は、ステファン。絵本のエミリーちゃんの親友と同じ名だった。彼もいつか仲良しエミリーを見つけることだろう。

ゴルフのキャディーとピアノのセールス

（「愛知県弁護士会会報」第５９７号（平成22年11月）掲載）

退官を間近に迎えると、ひょんなことを思い出す。ゴルフのキャディーとピアノのセールスもその類である。大学四年生の夏に精出したアルバイトであるが、こんな経験を語ることに何か意味があるのかと尋ねられれば、即座に何の意味もないと答えられる。もちろん教訓など探すのはムダである。

「あと何ヤードや」。ゴルフに関する知識は皆無である。「二〇〇と少しかな」などと適当に答えることとした。「ここは何番や」。これも同様に、「五番アイアンでどうやろ」と目を合わさずに答える。不誠実は法曹の敵と今でこそ大見得を切るが、このときの応対にはただ反省するしかない。朝七時の新入りのキャディーもどきを集めての訓示の時にはじめてゴルフのイロハを授かり、カートなんてない時代に三つのバッグを肩にコースを回り出す。今年ほどの猛暑ではなかったが、それにしても暑かったと記憶する。コースを回るうちにもうろうとしたことも一度ではない。滅多にないことであるが、途中で、「お兄ちゃん、ジュース飲み」と言って缶ジュースを差し出してくれる客がいた。まさに干天の慈雨。社用族とおぼしきグループの重鎮らしき人物からは、ひときわ尊大な態度で谷底のボールを拾いに行くように命じられたことも数度。暑い最中にプレーに集中するあまり、素の人柄が出るのであろう。ひとさまざまが観察されたものである。

「ピアノのカタログをお届けに参りました」。顔も見えず、声も聞こえず、期待は見事に裏切られる。ピアノとオルガンの訪問販売は、毎朝ターミナル駅前の点呼で始まる。営業キャップがわれわれアルバイト員に一台当たりの成約についての手当ての額を強調して、一日の奮起を促した。それからはまったくの自由行動で、腕の見せ所。まずは候補の家選びが難関である。高級住宅街を回ってみると、多くは年寄りのみが残っていて、丁寧に対応してくれるのは心底ありがたかったが、すでに古びたピアノが眠っている。一方、当時林立し出した高層団地に目をつけて、一階から順番にブザーを押してみても、共働きか留守が多くて空振りである。運良く拝顔の栄に浴しても、せめてカタログでもと言うや邪険に扉を閉められる。一日に数十件を回っても成果はゼロ。年寄りの暇つぶしに付き合ったり、団地の奥様方にやりこめられたりしただけで、朝の集合場所に戻る足取りはいつも重かった。成績発表では、自分より若いアルバイト女性が成果を明るく報告するのにひき替え、惨めであった。汗水が大きくものを言い、もちろん大学で学んだことは何の役にも立たない。

キャディーの実入りは結構よかったが、ピアノのセールスの成果は姉の助力に負う一台分のほか歩合はなかった。あえて収穫はといえば、人の心理と状況の判断をちょっぴり学んだこと、何よりも世間の壁の厚さと現実の厳しさを知ったこと。

なぜこんなアルバイトをすることになったのか。はじめて白状するが、その年の六月に母親を亡くして、とにかく身体を動かしておきたかった。破れかぶれの司法試験の合格発表はまるで他人事であった。

いろいろ見る

〈「ほほづゑ」第86号（平成27年秋）掲載〈近ごろ・ニッポン〉より〉

学期末に提出された学生のレポートを見ていると、実に見栄えが良い。が、どれも似ている。コピペであろう。何分にもネットの普及率が八二％を超え、ウェブページが六兆を数える情報時代に育つ世代であるから、学生を責めるわけにもいかない。

そんな折、たまたまノルウェーの公共テレビ放送を知った。沿岸観光船が三〇〇〇キロを航行するのを五日半ぶっ続けで生中継したのである。海を映し、海岸線の家々を映し、窓から眺める顔を映す、ただそれだけである。それを人口五〇〇万人のうち三二〇万人が観たという。ほかにも暖炉の薪がちろちろ燃えるのを映し続けたり、羊から編み物に出来上がるのを追いかける実時間進行の企画もあるという。ふと、我が国でもつい最近まで床几《しょうぎ》に腰かけて日がな一日通りを眺めたりしていたことを思い出す。ひたすら日本列島を歩き続ける人もいた。『忘れられた日本人』の宮本常一が、先の公共テレビのプレゼンテーターと同じことを言う。歩いていていろいろのものを見、いろいろのことを考える、人の営みを見るのが好きだった、と。

いまどきの若者を責めはしないが、ゆっくり歩いていろいろのものを見てもよいのではと思う。

私のオリンピック

（「ほほづゑ」第89号（平成28年夏）掲載〈特集「オリンピック」〉より）

　バトンを受けたときは、五、六メートル引き離していた。第一走者のT先輩のスタートダッシュは見事であった。緊張型で号砲にはいつも泣かされていたのに。Fからのバトンパスもぴたりとタイミングが合った。練習の時には何度やってもうまくいかなかったのに奇跡である。すべてが順調で怖いぐらいであった。バトンを持ち替えて余裕をもって走り出した。グラウンド東側応援席からやんやの歓声もしっかりと届いた。薄暮がほんの少し温かくなった。

　中学校の学校対抗戦である。同じ市内の両校は、共に歴史を誇る私立学校で学業のライバル校でもあるが、運動競技ごとに毎年対抗戦を行っていた。恒例の行事といっても、万国旗が飾られているわけでもなく、入退場門も用意されていない。応援席に共学校のような華やかさもない。それでも陸上競技は華であり、その最終種目の二〇〇メートル×四のリレーは、例年、嫌が応でも沸騰するのである。その年の当番校である相手方グラウンドは五月晴れが似合う小高い丘にあるが、我が陸上競技部の面々にとってはなぜか息苦しさを覚える。我が校が、この数年負け続けているせいであろうか。ところが、不利の前評判に反して、この年の勝敗は最終のリレーまで持ち越されたのである。

相手校のメンバー表を見てややひるむところがあった。第三走者はＤである。放送陸上の常連で、すでに一年生の時から県内でも名を馳せていた。登下校には足腰を鍛えるために決して踵を付けないという噂である。アップですれ違ったときにも、たしかに爪先立ちで歩いていた。すらりと伸びきった姿態は、近くの名門カソリック系の女学校の乙女からファンレターを集めていたというのも頷ける。

たとえ相手がＤであっても六メートルあれば大丈夫であろう。弾んで第一コーナーを回った。さわやかな風に押されて直線コースも軽やかに通過した。やがて第三コーナーのカーブに差し掛ったときである。背中の風が止まる。突然足が前に出ない。太ももに塗ったサロメチールがはがれていくようである。Ｄ魔法だ。背後から息が大きくなる、足音が高まる。迫る、迫る。ハッハッ、ドッドッ、ハッハッ、ドッドッ。最後の直線に入った。さわやかだったはずの風が牙をむいて顔に当たる。相手校の西側応援席からヤジが聞こえる。

そもそも陸上部になんて入るつもりはなかったのだ。一年次の一〇〇メートル走のタイムとソフトボール投げの成績を見た軍隊上がりの体育教師から強引にスカウトされたのだった。校内の運動成績なんて頼りにならない。教科書を風呂敷に包んだ坊主頭の少年が、学校帰りに川べりを歩いていると、近くの女子高生からからかわれるほどの優しい校風なのである。陸上部も、ご多分に漏れず、閑古鳥が鳴いていた。対外競技では一人で短距離走から砲丸投げまでいくつもエントリーし、競技前の各種目のコールには代返で互いに融通し合った。練習もいつも急場しのぎで、アップからダウンまですべて自己流に任せられた。そんな様子を顧問の化学の教師が白衣のまま遠くからときどき見守っていた。その年も対抗戦前日まで無手勝流で無理を重ねたために試合当日には太ももからふくらはぎまで鎮痛剤がいっぱい塗られた。所詮勝てるような環境ではなかった。敗者の弁解は幾つも用意されていた。

ハッハッ、ドッドッ、ハッハッ、ドッドッ。ついに耳元で響く。バトンライン手前でDの息が右頬にかかる。T先輩とFの手メガホンが叫ぶ。「がんばれ！」。Dの赤いバトンが突き出された。アンカーのA先輩が前方を向いて走り出す。倒れ込むようにバトンを渡した。普段の練習時に陸軍教師からパスの二歩前で声をかけるように指導されていたが、すっぽり頭から消えていた。A先輩の顔は幾分険しいように見えた。バトンを渡した後はA先輩の姿を追うこともしなかった。Dは右手こぶしを突き上げていた。東側応援席は薄暮に馴染んで静まり返った。

運動部は敬遠していたのに。団結とかチームワークとか一人はみんなのためにとかに馴染めなかった。それでも陸上部は個人競技であると自分を納得させて入部した。対外試合では各校ごとに成績が集計されることがあっても、所詮は個人の成績が一緒に記されるだけだ。失敗のいやな思いも勝利の自慢もすべて一人限りのものとすればよい。ところが、入部するや、陸軍教師は、「陸上競技も団体競技であり、チームワークである、リレーのバトンパスを見てみろ、人と人のつながりだ」と強調した。夏休みの炎天下の練習に勝手をすると、横一列でびんたが来た。陸軍教師を本当は思いやりのある先生だと担任教師は言うが、誰も信じなかった。

三メートルほど遅れてゴールしたA先輩を、T先輩とFは駆け寄って抱きかかえた。相手校のDらは芝生上で肩組み合って飛び跳ねていた。

終わった。自分の中で最も嫌忌していたものが一挙に現れた。

オレ一人の責任と開き直りたかった、個人の実力の差と言いたかった。すっかり夕闇が落ちた。東側の応援席は競技などなかったように帰り支度でザワザワしていた。西側は太鼓とトランペットが鳴り響いている。競技は勝ち負けである。勝者は美酒に酔う、酔ってよい権利がある。敗者は、時に健闘を称えられる、が、それを要求する権利はないのだと知った。独りグラウンドの東隅でうなだれていた。陸軍教師が黙ってタオルを抛ってよこした。訳も分からず涙が出た。

あの日のグラウンドの光景は幻影であろうか、幼い記憶のあやうさであろうか。敗けた悔しさも弁解の後始末も残っていないが、背中から聞こえるDの息づかいと赤いバトンは間違いなく現実であった。

私だけのオリンピックである。

尖ったもの

（「ほほづゑ」第90号（平成28年秋）掲載〈我が家の愛蔵品〉より）

尖ったものは苦手である。ナイフにアイスピックに山椒の棘、それに尖った声。もっとも、ゴシック建築の尖塔はそれほどでもない。

ある日娘が突然ハリネズミを我が家に持ち込んだ。デパートの屋上階でセールと貼られた籠の中のつぶらな瞳と目が合ったと言う。娘がつまみあげると一旦はまん丸く防御態勢をとるが、やおら顔を出して甘えるそぶり。その生き物はいつのまにかアーサーという名まで得て夜中に我が物顔で走り回り始めたのである。弱った。どんなに「つぶらな瞳」光線を受けようとも、到底受け入れられなかった。やがて愚妻までハリネズミグッズなるものを集め出した。ぬいぐるみ、ガラスのオブジェ、絵本、タオル。ついに、尖ったモノ嫌い人間も出張先でグッズを探し始めることとなった。こうして我が家にグッズが溢れだしたときに、アーサーは夜な夜な妙な声を出し始め、そして突然息を引き取った。娘の落胆は大きかった。尖ったモノ嫌い人間は追悼の詩まで作った。アーサーグッズ。今や我が家の愛蔵品である。

二つの記憶

（「ほほづゑ」第98号（平成30年秋）掲載）

クロード・モネの《モントルグィユ街》

クロード・モネの《モントルグィユ街　一八七八年六月三〇日の祝祭》。二〇〇七年「大回顧展モネ」を飾った絵である。

旗、旗、旗、画面からあふれんばかりのおびただしい数の旗である。両側から迫る建物の各階から突き出された三色旗の中の大きな赤、少しの青と白。街路を埋め尽くす人、人、人。そして光。まさに、網膜に映された像だけを捉えた作品である。最も好きな絵を挙げよと言われて選ぶ一枚ではない。それでも惹かれる絵である。

後ほど知ったことである。万国博覧会の記念日が一八七〇年パリコミューン後のフランスの復活を象徴する祝祭であったこと、モネの仕事も家庭も最悪の時期でパリのエダンブール街に仮住まいのときに描かれたこと、パリに決別する絵であったことも。そして《印象・日の出》から五年後、《サン・

ラザール駅　列車の到着》の翌年の作品であること、ジヴェルニーの睡蓮が見られるのは二〇年の後であることも、すべて後に知ったことである。こんな知識がいったん惹き付けられた魂を揺さぶることはあるまい。色が躍動する、声がはじける、力がみなぎる、喜びがあふれる、そんな直覚の寄せ集めが祝祭の絵を選ぶ。

もっとも、旗に寄せ付けられることがあるのかもしれない。たしかに、国旗は、磁力を持つ。ドラクロワの《民衆を導く自由の女神》の右手に掲げる三色旗は、絵から離れていても焼き付いている。この絵が七月革命を高らかに謳っていることを知らずとも、君主制の白旗に代わってどこまでも光源である。そういえば、モネ自身も言っている。「私は旗が好きだった。六月三〇日の最初の革命記念日、私はモントルグィユ通りを散歩していた。通りはおびただしい旗で飾られ、ものすごい人混みだった。私はあるバルコニーを見つけ、のぼってみた……」（ルネ・シャンベル宛の手紙。シルヴィ・パタン『モネ』より）と。

それだけであろうか。モネの三色旗は、私の記憶をも呼び起こす。三十数年前のヴィシーの革命記念日の朝。異国人にとっては、何とも退屈な日の始まりのはずであった。前の週は季節を入れ替えられたような寒さに駅前の小さな雑貨屋に駆け込んでセーターを手に入れたが、この日の太陽は季節を取り戻してひとまわり大きく元気で、縮こまっていた留学生をアパートから追い立てた。温泉保養客の喧騒から逃れてアリエ川のほとりを一人散歩していると、数人の若者の塊りとすれ違う。肩を組む者、ラ・マルセイエーズを大声で歌う者、おしゃべりに興じる者。三色旗を肩に担いだ青年は、時に歌に合わせてこれを振り回す。しばらく見惚れていた後、街中に戻ってくると、家々の窓からはラジオのフランス国歌が聞こえてくる。共和国の言語はフランス語、国歌はラ・マルセイエーズ、そして共和国の紋章は青白赤の三色旗と定めるフランス憲法の規定をふと思い出して微笑んだものである。ノスタルジーをかき立てる。

魂を揺さぶる底には、鑑賞者の実に個人的な記憶があり、時には作者の意図と共振する。三色旗による共時性があったことはまちがいない。

藤田嗣治の《アッツ島玉砕》

国旗といえば、藤田嗣治の戦争画に日の丸はあったろうか。藤田の戦争画は、生誕一二〇年の東京国立近代美術館の藤田嗣治展で初めて見た。それもそのはずで戦争画の初公開であった。その折の記憶は、やはり裸婦や猫に対しては確かであるが、戦争画はあいまいである。あえて感情を探れば、異質と違和感であった。当時のカタログを取り出して作品を確認してみると、一九四二年から四五年までの《シンガポール最後の日（ブキ・テマ高地）》から《サイパン島同胞臣節を全うす》までの五作品である。そこには、銃剣と叫びと残酷さはあったが、旗はなかった。《アッツ島玉砕》の説明には、「……前景に敵味方もわからぬほど絡み合った兵士の群像を、背後に雪の山々を配している。山の形と呼応するように、兵士はいくつかの三角形のかたまりの重なり合いとして構成されている。何本もの銃剣が、矢印のように、画面右下のたおれたアメリカ兵の山へとわたしたちの視線を導く。……」とある。異質と違和感を探ると、エコール・ド・パリ時代の《五人の裸婦》や《タピストリーの裸婦》と晩年の《キリスト降架》や《マドンナ》の展示室に挟まれた空間の隔絶はもちろんある。「乳白色の肌」に親しんだ感情にとって題材の異様さにはやはり立ち竦《すく》まざるをえなかった。同時に、戦争画にあらかじめ抱いていた想念を裏切るものでもあった。戦争画という範囲に収まらない対象への迫り方に落ち着かないものを感じたのである。

藤田の戦争画についても、その後多くを知った。敬愛する父は陸軍軍医総監であったこと、陸軍省からシンガポール派遣の命が下ったこと、そして《シンガポール最後の日（ブキ・テマ高地）》、《一二月八日の真珠湾》で戦争画家として確固たる地位を築き、会心の作という《アッツ島玉砕》まで戦争画に情熱を傾けたこと、戦争画から帝国芸術院会員に推挙され、終戦までのわずかな期間日本画壇から受け入れられたことを。そして、戦後になって二〇〇人を超える戦争画制作の画家の中から一人誹謗中傷にさらされ、反戦思想の欠如を非難されたこと、その後も美術界から冷遇され続けたことも知っている。戦争画そのものについては、描法より品位と内容において、高邁さに欠け、無定見と批判されたという（近藤史人『藤田嗣治「異邦人」の生涯』講談社）。

これらの知識は、鑑賞を歪めたであろうか。展覧会のカタログに挟まっていた新聞記事（二〇〇六

年三月三〇日　朝日新聞）によれば、「大画面にこれだけの群像を違和感なく配し、しかもダイナミックな「気」を生み出す力量はさすがというしかない。西洋の画材・技法を用いる力量と、細部まで再現的に描写できる想像力を併せ持った人はそうはいない。」と述べる（田中三蔵編集委員）。このような賛辞は、余程後に作られたものであろう。当時はこのように冷静に向き合うことを見事に拒絶された。思い込み障害があったのは疑いがない。しかし、今頃になって気づいたことではあるが、藤田の戦争画に抱いた違和感の一面は、一二年の時の経過とともに雲散したのである。画家の描法が人生の歩みとともに変容するように、受け手側も、当然ながら、同様に変容する。作品のメッセージの呪縛を絶つには幾つかの要件があるに違いない。

鑑賞者の自由な魂の震え

鑑賞者は自由に魂を震わせる。

絵画にしろ、音楽にしろ、心を揺さぶられるとは何であろうか。鑑賞の行為の底に眠る感情については、古今、多くのことが語られている。感性的鑑賞とか知性的鑑賞などといっても、所詮感性も知性も我が身の中で統一された一つの主体であろうから、要は、鑑賞者の生きた総体による全人格的行為ということか。絵に黙って向き合うとき、音楽をそのまま耳に乗せるとき、その心底には記憶の集積や過去の経験などがある。なぜ好むのかと言われても返答に窮するのは、ごく個人的な記憶と経験を語ることが面倒で他人に理解を求めることが煩わしいからである。心底にあるものを共有することは所詮不可能である。戦争画の美術的価値が、同時代人の共有された記憶によって拒絶されることはやむをえまい。国旗が心の奥底に潜むアイデンティティを揺さぶることも異とするに足りない。評論家が語るように、眼から真直ぐに、耳から真直ぐに心に至ること、それが鑑賞であろう。

それでもやはり、画家や音楽家が感じたものを捉えきれないもどかしさはある。創作者の意図との乖離に不安も感じる。印象派の画家たちは、モノではなく大気や水の揺らぎや光の微妙な移ろいを描くとか、戦争画はメッセージそのものを描写するとか、ベートーベンの音楽には反抗や戦いがあるとか。標題音楽というものもある。しかし、描法もメッセージも受け入れる必要はあるのだろうか。芸術家は、魂の作動として、対象に迫り、色を選び音符を選びして、作品の完成に至っているのであろう。自己満足を求めての作業にほかならないはずである。それならば、鑑賞者の自己満足も許されよう。たとえ、対象を勘違いし、五感の作用を誤り、魂の別の部分を揺さぶられることがあっても、鑑賞者としては満足である。創作者の意図を裏切ることがあっても、見る側、聴く側の独自の魂の震え方があってもよいはずである。チャイコフスキーの一八一二年やベートーベンのウェリントンの勝利からフランス軍の敗退を知らずとも、ドラクロワの国旗から共和国称賛を読み取らなくともよい。かつて、ゲルニカについて多くの識者が語った。アートそのものに対する批判もあれば、メッセージとしてもスペイン内戦を正しく伝えたものでないとする意見もあった。特にメッセージに対する非難が多かった。馬は馬、牡牛は牡牛でよいではないか。音楽家や画家が思想や反抗や戦いを表しても、受け容れる側はそんなことに全く無頓着で自分の生きた証しをもって見て聴けばよいのである。また、それしかできないはずである。送り手の思想や運動から切り離されたときに、かえって見る側にありのままの感情を呼び起こすことになるのかもしれない。鑑賞者側も、どこまでも自由にありたい。

芸術が、直接に現実を描写したり、現実の社会を変えようとしたり、大衆運動に奉仕したりすべきであると考えることは、芸術の独自性とか芸術至上主義を叫ぶのと同様、随意である。しかしそれを強要されるのは止してほしい。多様性にはどのような場面でも寛大でなければなるまい。

モネの絵は若さのひたむきさを思い起こさせ、藤田の戦争画からは老いの寛容を思う。モネの国旗の記憶は正直であり、藤田の銃剣の記憶は偽りであるかもしれない。あるいはその逆かもしれない。ひょっとするといずれの記憶も幻かもしれない。

ママのせいだ

（「ほほづゑ」第101号（令和元年夏）掲載）


知人から六歳の孫に困ってると嘆かれた。何につけママのせいだと喚き立てるという。たとえば、先だっても町内の相撲大会に出たものの、一回戦であっという間に押し出された。土俵を降りるや、ママのせいだと泣きじゃくったとか。まだ小さいから仕様がないでしょうと慰めた。後で気づいたが、幼いことを理由にはできないのではないか。このところ大人の社会でも堂々と「のせいだ」がある。

資格試験に落第した学生は、教師に面と向かって教え方のせいだと非難する。執行猶予が付けられなかった被告人は、弁護人のせいだと不満を漏らす。国内の経済事情が悪化すると、それはB国のせいだという。会社が潰れたのは、取引先のせいだ。果ては電子レンジで乾かしていた猫がやけどをしたのは、トリセツ（取扱説明書）に猫をレンジに入れるべからずと断らなかった製造業者のせいだと訴える。まるでイソップのオオカミが仔羊に向かって空腹はお前のせいだと言わんばかり。

そういえば、ムルソーが犯した殺人は、太陽のせいだった。文学の世界では上品にもこれを不条理と言う。しかし現実の世界の多くの「せい」は、不条理ではなく不合理であることはいうまでもない。

文明国では、責任なくして刑罰なしとか、相当因果関係の縛りで「のせいだ」の連鎖を断ち切る努力をしているが。自分を責めるのはつらいものである。せめて降水確率といった責任中立の言葉に託したい。それも叶わないなら、フィガロ流に何でも笑い飛ばそうではないか。

不機嫌な判決
――ある記者会見より

（「ほほづゑ」第92号（平成29年春）掲載）

ある大国の次期大統領とされる人の大統領選後初めての記者会見のことである。次期大統領は、質問しようとした記者に対して、「君には質問をさせない、君のニュースはフェイクだ」と言った。記者の「私たちを攻撃するなら質問するチャンスをください」との発言に応じたものである。これまでに、質問者の属する放送事業者は、次期大統領の個人情報をロシア政府が把握しているという独占記事を掲載していた。一方、次期大統領とされる人は、「悪質な反対者が虚偽ニュースを流して私の勝利を貶している」とツイートしていた。

原告（記者・放送事業者）代理人弁護士

(1) 言論、出版その他表現の自由は、憲法で保障されている。一八世紀の市民革命によって宣明され、現在においても、すべての自由に優越するものとして「第一の自由」と位置づけられる。表現の自由には、表現の受け手の自由として知る権利が含まれる。「一般に入手することができる情報源から妨げられることなく知る権利」（ドイツ連邦共和国基本法五条）がこれである。表現の自由及び知る権利は、民主主義社会において最も重要な権利である。なぜならば、国民は、自らの考えを表明し、伝達するとともに、他人の意見を聞き、取捨選択しながら自らの意見を形成し、さらにこれを伝達する作用を繰り返して、主権者としての意思決定を可能とするからである。

(2)　なかでも、報道の自由は、特に尊重されなければならない。報道機関による報道は、国民の知る権利に奉仕し、国民が国政に関与するに当たり判断の資料を提供するものとして、民主主義社会においてその果たす役割は大きいからである。さらに、マス・メディアによる報道は、自由な討論を確保するためのフォーラムとして、社会全体の利益であり公共財であると評価されている。

報道の自由は、取材、編集、発表のいずれの過程においても確保されなければならない。とりわけ、取材の自由は、報道機関と情報提供者との信頼が確保され、もって報道の内容の正しさを担保するために重要である。記者会見は、取材の場であり、同時に国民の知る権利を実現する場であり、パブリックフォーラムの場でもある。そのために、ここでは、質問の機会が平等に与えられるとともに、自由な意見交換が確保されなければならない。反対者との討議あるいは反対尋問によってこそ真実が浮び出るからである。

(3)　表現の自由は、除外なく無条件で保障されなければならない。国家といえども、いかなる理由によっても、情報の取得から発出までの過程に干渉することは許されない。そもそも人権は、国家からの自由を本質とするものであり、公権力による事前抑制の禁止は、確立した法理である。不利益な情報であることを理由に干渉する場合はもとより、報道の公正さの確保の名の下に規律し制約する場合であっても、あるいは自己に有利な情報の提供に対して利益を付与する場合であっても、国家にとって芳しくないとされる情報が封殺され、報道の政治的中立性あるいは公正さを失わせる危険があり、権力の濫用を牽制する機能を殺《そ》ぐことにもなるからである。

表現の自由が宣言された一八世紀の市民革命期における定め「言論出版の自由は自由の最大の防波堤であり、専制的な政府による場合以外では制限することはできない」（一七七六年　ヴァージニア権利章典一二条）を引用するまでもなく、被告の対応は、まさに専制君主と変わりない。

(4)　取材において、一部のメディアのみに対して質問を封じること、あるいは一部の者に対してのみその機会を与えることは、法の下の平等にも反する。すべて国民は、法の下に平等であって、信条等により、政治的、経済的又は社会的関係において、差別されない。これを許せば、人間の尊厳が傷つけられる。

(5)　被告による質問の機会の剥奪は、虚偽報道を理由とするが、虚偽性について公権力が一方的に断じることがあってはならない。それこそ法の支配に反するからである。法の支配は、統治権力を法で拘束することによって被治者の権利・自由を保障することを目的とし、法の内容のみならずその履行のための手続きも公正であること、権利・自由の侵害が生じた場合に最終的に司法権によって担保されることを要求する。さらに、行政が自らの権限によって言論を封じることは、近代司法が禁じている自力救済にほかならない。

(6) 国家が一方的に情報に干渉しようとする場合に、報道側においては、マス・メディアに対するアクセス権を妨害するものとして、それに対して是正のための権利を行使する機会が与えられなければならない。さらに、公然と虚偽の報道と非難されたメディアは、その名誉の回復のために公の場で速やかに反論する権利がある。さもなくば、権力側の一方的な論評のみ肯定されるからである。

たしかに、反論権は、メディアに対して自己の意見を発表し、又は反対の意見を述べることを要求する権利を言うものであるが、これを認めることによって、情報の発出を躊躇させ、ことに公権力への批判をはばかるようになるおそれなどの萎縮的効果が生まれやすいことなどを理由に否定的な立場もある。しかし、被告による本件行為を放置すれば、まさに上記と同様の事態が懸念され、権力の横暴によって公共の議論が抑制され、ひいては情報空間を狭め、もって社会全体の利益を妨げることになることは明白である。

(7) 被告の主張する忘れられる権利は存在しない。忘れられる権利は、インターネットの普及によってウェブ上に永遠に消えない情報として記録され、かつ、検索エンジンによって容易に情報にアクセスできることをもって、プライバシーなどの侵害があり得ることを理由にこれを削除し得ることをいうものであるが、その権利の外延もあいまいで未だ人権として認知されない。その記録が人格権を侵害するものであれば、人格権によって排除すれば足りる。

原告放送事業者が表示した記事は、もとより真実であり、何ら被告の人格権を侵害するものではなく、しかも、未だ相応の時日を経た事実に係るものではない。何よりも、当該記事は、公人として批判にさらされることを甘受すべき事柄であり、公共の利害に関するものであって、アクセスが確保されるべきものである。

(8) 最後に付言すると、被告は、たしかに、いまだ一私人であり、私人が記者を集め、記者を選定し、その質問者を指定することも自由である。しかし、未だ権力を握る者ではないとはいえ、一〇日後に最高権力者になろうとする者であり、しかも、記者会見も、その地位を利用して、国の公務に準じるものとして行われるのである。したがって、彼の言動において、根本規範に反することは、たとえ私法秩序に属するものであっても、公序に反することは明らかである。何よりも憲法の定める法原則は、社会生活のあらゆる領域において尊重されなければならない。

被告（次期大統領予定者）代理人弁護士

(1) 表現の自由は尊重されなければならない。報道の自由が知る権利に奉仕するものであることも否定しない。

(2) しかし、表現の自由あるいは報道の自由といえども、その保障は決して絶対ではなく、それに優越する価値の前に制約を受ける。優越する価値として、公正な裁判の確保及び大統領職の正当な権限の行使を挙げることができる。なかでも、取材においては、直ちに取材対象の人格を傷つけるおそれがあることから、その手段方法が法秩序全体の精神に照らし相当なものとして是認されるものでない限り、その自由は制約される。そして、不当な表現行為によって国民自身の人格権が侵害されたときは、その侵害に対して正当な権利を回復することができることは、他の人権と同じである。

(3) 特に、マス・メディアは、国家からの自由を実現された結果、情報の送り手として独占的な地位を取得し、自由に情報を所有し、支配し、操作する強大な力を手に入れ、今や第二の権力としての地位を確固としている。マス・メディアは、国家と同様に、国民の知る権利に奉仕するものとして、国民に対して正しい情報を提供するべき義務があり、正しいパブリックフォーラムを構築する責務があるというべきである。各国の法律において、マス・メディアは、公安及び善良の風俗を害しないこと、政治的に公平であること、報道は事実を曲げないですること、意見が対立している問題については、できるだけ多くの角度から論点を明らかにするようにしなければならないことを掲げているのはその証左である。

(4) ところが、第二の権力は、しばしば自己を正当であると錯覚し、報道の自由の名の下に、真実から目をそむけ、情報をほしいままに動かし、自ら選択した価値の方向に国民を誘導し、もって自らの思想や意見に同調するものを支援し、一方、反対者を沈黙に追い込む役割を演じることがある。その場合に悲劇の主役は、歪められた情報の受け手である国民である。

したがって、国家においては、第二の権力の不正な行使から国民を護るために、第二の権力に対して、それと均衡を図りつつ、国民の悲劇を未然に防ぎ、生じた傷を小さくし、二度と間違いを犯すことのないように、相応の措置を講じる責務があり、しかも、緊急かつ必要な場合には、公権力の行使が許される。たとえば、虚偽の報道によって国民に甚大な負の影響を与える場合には、国民の自由や財産を守るために速やかに是正の措置が講じられなければならない。

(5) これを本件についてみると、原告放送事業者による虚偽の情報の発出は、正当な報道の基準を大幅に逸脱し、特に政治的中立性に違背し、きわめて歪んだものであり、これによって被告の人格を著しく傷つけ、国にも甚大な損傷を与えるものであって、明白かつ現在の危険がある。一方、被告の施した措置は、その負の影響と均衡の保たれたもので必要最小限のものであるから、是認されるべきである。

(6) 仮に譲って、原告放送事業者の主張のとおりの事実があったと仮定しても、その事実は速やかに消し去られるべきである。欧州連合司法裁判所あるいは欧州議会において、忘れられる権利又は消去権が認知されたとおり、過去に報道された事実について、報道された者が被害を受けているときは、その者は自らの生活の平穏等を守るために、その記事の削除を求めることができる。

原告放送事業者の報道に係る虚偽事実は、放置されれば、大統領職、ひいては国民に対して取り返しのつかない被害を与えるものであるから、速やかに削除されるのが合理的であり、被告の措置は是認される。

(7) 原告の反論権の主張は、荒唐無稽と言わざるを得ない。なぜならば、反論権は、そもそも、メディアが情報の収集、管理、処理について強い影響力を持つことを前提として、情報の受け手である国民がマスメディアに対して侵害された名誉等の人格権を回復することを意味するものであって、報道社側から反論権を行使することはありえないからである。しかも、反論権は、人格権としての名誉の毀損による不法行為の成立があってはじめて差止請求権として発生するものであって、被告の行為には不法行為を構成する余地はない。

かえって、虚偽報道によって名誉を傷つけられた被告においてこそ反論権を行使して質問を封じることが許されるはずである。

(8) 原告の主張する法の下の平等あるいは表現の自由は、統治行為に対して基本的な自由と平等を規定するものであって、私人間の関係においては、たとえ一方が他方に優越している場合であっても、適用されるものではない。加えて、法の下の平等は、合理的理由があるときは、許されるというのが動かざる法理であり、被告の措置は、横暴な虚偽報道を前にして国民の正しく知る権利を確保するためのもので合理的である。

傍聴人

それにしても、弁護士ってのはしゃべるねえ。理屈と膏薬はどこへでも付くとはよく言ったものだ。

裁判官

〝いわゆる判事〟は〝いわゆる法と正義〟に則り、〝いわゆる判決〟を言い渡す。

主文：被告には品位を保持すべき義務があることを確認する。

理由：官吏ハ職務ノ内外ヲ問ハス廉恥ヲ重シ貧汚ノ所為アルヘカラス（ある国の官吏服務紀律）。公人の発する言葉は、それ自体美しいものでなければならない。美しい言葉は、日ごろの品位から生まれる。古人も曰く、人間はあまりにも必然的に馬鹿なので、馬鹿でないことも、馬鹿の別のあり方からすれば馬鹿なのである（パスカル『パンセ』）。善きことばは悪しき剣にまさるのだ（シェークスピア『ジュリアス・シーザー』）。

エトルリア人が築いた「古い街」
オルヴィエートの大聖堂

（「ほほづゑ」第103号（令和2年新年）掲載）

オルヴィエート。その響きは何とも甘美である。ローマから北へ一二〇キロ、台形状の丘の上の城壁に囲まれた街である。四月にイタリアを周遊したときの寄り道であった。いつもながら行き先の情報には疎く、この地の名前がラテン語の「古い街」に由来することも後に知った。ローマから羊と山ばかりの車窓の風景に瞼を重くしながら、到着すれば、サン・パトリツィオの井戸がある。教皇が敵に攻め入られたときの備えに造らせたとか。直径一三メートル、深さ六二メートルに及び、二四八段の一方通行の二重のらせん階段の構造が面白い。

昇り降りに疲れて、小さな田舎家で白ワインを飲む。端正な甘さに杯を重ねるうちにしばしまどろむと、ガイドの話がよみがえる。ここは紀元前六世紀ころエトルリア人が築いた町で、やがてローマ軍に滅ぼされ、その後教皇に支配され、聖堂の土台の上にドゥオーモが建設されたとか。ローマ市内の散策のときにもエトルリアのことが語られることがあったが、ここでは生々しくエトルリアが実感される。そして突如『エトルリアの壺』の結末が現れる。大学の授業で輪読したメリメの小編である。

青年が伯爵夫人に恋するごくありきたりの物語。夫人が毎夜花を挿す壺こそ、かつての情人からイタリア旅行の土産物として贈られたエトルリアの壺である。嫉妬に狂った青年は眠れぬ夜に森を散策中に出会った友人に不機嫌をぶつけて決闘の末死ぬ。決闘の前日に壺をめぐる誤解が解かれ、そしてあれほど大事にされた壺が夫人の手で壊された。人面獣を相手に戦っているラピー人の姿が描かれていたという壺の破片がまるで現実のように鮮やかであった。

やがて、皇帝の公園に戻ると、ブドウ畑とオリーブの木がやさしい。そこにはエトルリア人の無念も壺の幻影もない。

私の好きな寺院がオルヴィエートのドゥオーモというわけではないが、エトルリアの名とともに今も妖しく心に残っている。

幸福とは、幸福なんて、幸福こそ

（「ほほづゑ」第103号（令和2年新年）掲載〈特集「幸福（しあわせ）」〉より）

幸福論に三大論述があるという。ヒルティとアランとラッセルである。これらの著作から、幸福に関する名言と称するものを探し出すことは易しい。

ヒルティも、真理として、「不幸は、人間の生活につきものだということである。いくぶん逆説的にいえば、不幸は幸福のために必要だということである」などと述べるが、一方、「処世訓は、まだいくらでもつけ加えることができる」「このような教訓は、なるほどその言葉は美しく、取り入りやすく、……しかし、人の心を変えるものではない」（草間平作訳）と添える。

アランの著作は、幸福についてのプロポと冠され、幸福は美徳、幸福は寛大なもの、幸福である法、幸福たるべき義務と掲げて、「人は幸福をさがしはじめるや否や、これを見いだしえない運命におとし入れられる」、「人間は、意欲し、ものをつくり出すことによってのみ幸福である」（串田孫一ほか訳）などの警句を散りばめ、幸福になる術として、「悪い天候には、いい顔をすること」とか、「自分のことを少しも考えてはいけない」などと示すが、アランの幸福論が、訳者が一致して述べるように、幸福を論じたものでないことは明らかである。ちなみに、幸の字源はといえば、争いはあるが、手枷にあり、それを免れることが幸いである趣旨であるとか。

〈幸福とは〉、難しいことはおいて、「幸福だと信ずる者だけが幸福である」というフランスの古諺を挙げれば十分であろう。

そのものずばり幸福を題名にするのはモーパッサンの短編である。何とも凡庸な短編であったが、そこには幸福の有り様がそっくり語られていた。

別荘の客間では、恋愛論の真っ最中である。突如水平線のかなたに巨大な島影が現れ、これがコルシカ島と知った老紳士が初めて口を開く。険阻な山腹に挟まれた一軒の小屋の戸を叩いて一夜の宿を求めた折のことである。八二歳になる耳の不自由なみすぼらしい老人の横で、大陸から移り住んで五〇年という老女がする話は、老紳士にあるスキャンダルを思い出させる。連隊長の娘とその配下にあたる一騎兵との駆け落ちである。老紳士は、問い掛ける。「でもおしあわせだったんでしょう」と。老女は、「ええ、それはとてもしあわせでしたとも。あの人はわたしを非常に幸福にしてくれましたので、わたし、もう何一つ思い残すことなんてありません」（青柳瑞穂訳）。老紳士の話を聞き終えた一人の婦人は、ずいぶんと理想が低く、要求も単純すぎると言い、他の婦人は、愚かでも、その人が幸福であったのだからそれでいいと言う。

〈幸福なんて〉陳腐ではあるが、心の有り様によって生まれ、消える。

幸福がまったく論じられるはずがないといっても、それを語らなければならないときがある。無味乾燥の法律の世界にも幸福がある。憲法に定める幸福追求権は、その例である。戸籍法が子の名に制限を課していることに関して、漢字をもって自己の名前とする権利は日本人にとり生まれながらに認められた権利で、憲法一三条の幸福追求権として保障されるなどと主張して、争われる。さらには、裁判官が幸福の判定を迫られることがある。人身保護法に基づく人身保護請求は、通常は、違法に国家に身体の自由を拘束されたなどとして、その救済を求める手段であるが、幼児の奪い合いにも使われることがある。たとえば、離婚の話し合いの渦中にあって、一時的に母親の庇護下におかれていた幼児が、ある日突然に、夫によって実家に引き取られたという場合に、母親は、悲嘆に暮れて、夫を相手に人身保護請求によって幼児の引き渡しを求めるのである。この場合に、拘束が違法であるかどうかは、幼児に対する一方の配偶者による監護が他方の配偶者の監護に比べて子の幸福に反するかどうかによって決せられる。

ここでは、〈幸福こそ〉争いを結着する道具となる。裁判官には、幸せを判断する責務と権限があるというわけである。空恐ろしい権能者であるまいか。

三つのおもてなし

（「ほほづゑ」第104号（令和2年春）掲載〈特集「おもてなし?!」〉より）

一　吉村の来訪

吉村が来るのは今日である。課長補佐として大野商事総務部に配属されてきたばかりの先月二三日、話があるのでご自宅にうかがいたいと言ってきた。仕事の話であれば、職場で済むはずである。何だろうと思いながら一月が経った。

自宅に来客があることはしばらくなかったので、家内も大慌てである。特に吉村のことである。吉村は、他所の家を訪問すると、必ず窓の桟やテーブルの脚を指でなぞる癖があって、奥さん、お掃除を怠っていますね、などとニコニコしながら声をかけるのが常であるという噂である。家内は、二週間前に植木屋に電話をして、猫の額のジャスミンとオリーブの木を剪定してもらった。家具の配置を見直した。今朝になって、応接間の額を少しは名の知れた画家の静物画に代えて、その額縁の枠を丁寧に拭いた。廊下はトイレまでの箇所、階段は階下から見える部分までを丹念に雑巾をかけた。吉村の座るテーブルは水拭きと乾拭きを重ねた。約束の三時前には、玄関先から水を撒いて、玄関を掃き清めた。私は、そこまでする必要はあるまい、吉村に悪気があるわけではない、性格なのだから、と言いながら、つい自分でも思わずテーブルの脚に指を這わせた。問題なかろう。

部長宅には、前の部署にいるときに課長に同行して書類を持ってうかがったことはあったが、独りで訪問するのは初めてである。新任課長補佐として粗相のないようにと言い聞かせた。約束の三時にはまだ間があったので近所を一周した後、それとなく様子をうかがった。前の訪問のときと比べて、格段に庭がすっきりしている。水が撒かれていることにも驚いた。前は突然のことだったからであろうが、それだけかしら。ちょっぴり不安で、緊張が増し、どうしてか煩わしくさえ感じた。三時に五分が過ぎて、玄関のチャイムを鳴らした。奥様が玄関先まで来られた。いかにもブランド物の装いで、しかし何となく硬い表情である。応接間に導かれた。静物画はもちろん作家の名も知らない。当然褒める言葉も思いつかない。九州の実家には応接間もない、近所のおばさん連中がずかずかと土間をまたいで顔を集めていたものだ。奥様が茶をもって来られたので、虎屋の羊羹を手渡した。家具の配置や置物の色合いが虎屋を圧倒している。しばらく待つと、奥様と入れ替わりに部長が顔を出した。部長も職場とは雰囲気が違って何となくよそよそしい。真直ぐ腰かけてお茶を喫し、膝に置いた手をじっと見つめていた。普段から世辞に慣れていないのに、ますます話す言葉がうまく出てこない。仕事の報告や説明では、前の部長から褒められたこともあったが。部長宅を辞するとき、ほっとした。解放感であろう。末席の部下に対するもてなしとしては、破格であった。ありがたい限りであるが、

「おもてなし」に気付かされると疲れるものだ。

吉村が帰った後、家内に疲れたろうとねぎらった。家内は、吉村さん、存外いい人じゃない、礼儀正しくってと答えながら、でもあれでよかったのかしらと付け加えた。十分十分、応接間でも、とにかく緊張の中にも感動の風情だったよ、たしかに職場の彼らしくなかったけれど、そもそも彼が来た用件は何だったんだろうね。

吉村は、帰りの電車で肝心の要件は、伝わったろうか、と心配になってきた。今回の訪問は、仲人の依頼である。依頼というよりはまずは打診である。まだ彼女との婚約もはっきりしないから、余計言いそびれたのであるが、何よりも慣れない都会風の「おもてなし」に圧倒された、素の自分じゃなかったなあ、田舎の土間が懐かしい。

二　紅茶きのこ

橘金属に入社して二年目のころであるから、今から四〇年近く前のことである。児玉部長は、技術畑出身で初めての部長職で、職場の評は一致して高い。業績も順調に上向いている。謹厳実直で右顧左眄せず、ひたすらわが道を行く人である。それでいてやさしく柔和で周囲への気配りを怠らない。きわめて部下思いで、暑気払いと忘年会の時期には、必ず部の全員を連れて旅行会が行われたものである。その年の暑気払いは、京都大原を訪ねて鞍馬の床で酒盛りであった。酒の嗜《たしな》み方まで真直ぐで、いつもにこにこしながら秘書さんから課長までの顔を見渡して、いかにもおいしそうに盃を重ねる。趣味は囲碁で散歩を欠かさず、自宅では常に和服で通していると聞く。これが私の最も尊敬する上司の姿であった。

はじめて児玉部長の部に配属されて三週間ほどたったとき、部長宅に招かれた。これも恒例と聞くが、若手三人と退職まぢかの秘書さんでうかがった。すき焼き鍋には、奥様が、牛肉に始まり、丁寧に、長ネギ、しらたき、そして豆腐と順に加えられた。その間、私たちは一通り自己紹介などをし、奥様からはいろいろと質問があった。お母様も大変だったでしょう、主人は頑固ですから苦労されているのではありませんか、などなど。奥様は、会社とは全く無縁の元公爵家の令嬢という。真偽のほどは不明であるが、その仕草は、まさに噂を裏付けるように、楚々として高貴の趣である。お子様がいないので、その若々しさはまるで部長の娘さんであった。若者のくだらないシャレにもにこにこと微笑まれ、部長との馴れ初めはなどといった不躾な質問には、ほんのりお顔を赤らめながら、部長の横顔をうかがわれる。部長と同様に穏やかなお人柄が偲ばれる。話が弾んで、一時間ほど経ったろうか、座も乱れてきたときに、奥様はツーと立って隣室に消えられた。しばらくして入ってこられたときは、和服に着替えていらっしゃった。若者は、一瞬ドキッとしたが、酔眼が冴えるばかりで、誰も一言も言えないでいた。帰途やはりお世辞の一言くらい言うべきであったと互いをなじり合った。和服の袖に抱えてこられた広口の瓶を部長が自ら敷かれたお盆の上にそっと置かれた。部長は、奥様の所作に笑みを絶やさず、これが我が家の名物だよと何やら自慢げである。蓋を開けると、得体の知れないにおいが漂ってくる。瓶に最も近くに座っていた大隅が、無粋にも、奥様、これ、何ですか、と素っ頓狂な声を上げた。奥様は微笑んだままであるが、部長が、家内が作ったんだよ、もう何年になるかな、と奥様の方に顔を向けられる。君たち、知ってるだろう、これが正真正銘の紅茶きのこだよ。若者三人は同時に瓶を覗き込む。大隅の失礼もさることながら、瓶の中の液体に誰もが絶句である。どろどろとした泥水のような液体には、どこにも紅茶の風情はなかった。小ぶりのエノキもどきの不思議なモノがびっしりと表面を覆っている。本当に体にいいんだ、飲みだしてから碁も敗けなくなったと、日ごろ無縁の冗談まで飛び出した。部長は、理系の論理派であるが、体にいい体にいいとばかり続ける。奥さんは、どうぞどうぞと言いながら、私たちの器に取り分ける。若者たちは、ありがとうございますと言いながら、誰が先に口を付けるかとお互いを探っている。ほぼ一斉に口をつける。和服の奥様は、微笑みを絶やさず、感想を期待されている。一同分かっていても、しかし、おいしゅうございますとは言えない。わずかばかり年長の大隅が、一同を代表するかのように、貴重なものをありがとうございますと言った。皆は奥様のお顔を探って、嬉しそうなご様子にほっとした。お代わりをどうぞと言われた大隅は、おもわず椀を手で覆った。

最高の「おもてなし」であった、そのおつもりであったことは間違いない。

三　お名前は

私の友人に法曹界の人間は数少ないが、田宮は貴重なひとりである。貴重というのは、田宮の話には、我々一般人からするとなかなか得難いものがあるからである。その田宮から久々に飲もうと電話があった。検察官を六年勤めた後に弁護士になった田宮にとっては、昔の職場が今なお気になるらしい。乾杯も待てずに、のっけから、外国籍の被疑者が保釈中に国外に逃亡した事件である。ある国に住んで、ある国で仕事をして、その国のルールに従えないというのは何だ、どんなにささやかであっても、たとえば、その国でコンビニを利用し、たとえば、その国で給料を受け取り、たとえば、その国で伴侶を得たのであれば、その国の利益も不利益もひっくるめて受け入れなければならん、これが一国の「おもてなし」というものだ。国にとっては、その国の国民と同じように「おもてなし」を施しているのだ。その「おもてなし」に応じるのが人倫というものではないかと止まらない。勾留中の扱いに耐えられなかったと、なーに、いかに高貴なお方であっても、拘置所の待遇が一流ホテルと同格とはいかない、食事のメニューも自由に選べるわけにはいかない、子供だって知っている。そこから話は被疑者の「おもてなし」に飛んで、不況の風をしのぐには娑婆よりも拘置所という輩がいて、年末になると、ちんけな犯罪で拘置所が満員になるって。年始のもてなしに一応雑煮も出るというから、娑婆で過ごすことに比べると天国。高貴なお方も雑煮狙いの野人もおもてなしに差があってはいかん、これが文明国家の習いではないかと立腹は治まらない。

裁判所の「おもてなし」の話しにも及んだ。裁判所は、なかなかお高く留まってるね、クライアントから聞いた話しだがね、と加える。中堅信用金庫の支店長が、裁判官に、名前を名乗るべきですよと声を荒げたという話し。ある事件で、担当の裁判官から意見を聞きたいと言われた支店長が、思わず「裁判官、あなたのお名前を教えていただけませんか」と気色ばんだそうだ。業界では、初対面の方とお会いするときは必ず名前を名乗り、名刺を交換しますと言ったとか。そのとき、なるほどごもっともと合点したが、裁判所に代わって弁明してやったよ。裁判官は、一人で裁判するときも、裁判所の名において仕事をしているという意識が身に付いているんだと。さらに、法廷のたたずまいの話しが続く。我が国の法廷は、米国のように装飾的な物、たとえば、花瓶一つ置いていない、電気スタンドの如きも何もない。法廷の空気の統一を破り、威厳を損なうという。「おもてなし」にはほど遠いではないか。さらに進んで「おもてなし」の究極は言葉づかいにあるよ、と滔々と知ったかぶりである。刑事法廷で、被告人のことを何と呼ぶか知ってるかい。今では「被告人」が定着しているが、あるとき、「被告人、被告人と呼ばないでください。犯人と決めつけてるじゃないですか」って立腹されたことがあったとか。称呼によって、被告人につむじを曲げられても困るわけ。当事者から公平を疑われてもいけない。なるほど裁判所の「おもてなし」は、難しいというのが結論。

田宮の話は、嘘か誠か見えないが、酒には合っている。

第三部

裁判官
企業を見る

視察時の東京証券取引所　株券売買立会場

株主は元気か

（「Business Law Journal『Insight』」より掲載）

――転んでもただでは……

〔平成26年3月掲載〕

企業不祥事が絶えない。不祥事は避けられないとしても、その事後の対応にこそ組織の真価が問われる。いかなる組織であっても、いかなる不祥事であっても、事後の対応の目的は明確であり、そのための行為は共通であるからである。その目的とは、失われた信頼を回復し、毀損された企業価値を補てんすることであり、そのための行為とは、不祥事に係る事実を調査し、その原因を究明し、再発防止策を策定することに尽きる。

何よりも重要なことは、事後対応による成果を自己の体内に還元することにある。そのためには、この作業を自ら遂行すべきものと心得て自律的に果たすことを目指すべきである。他人任せであっては、その成果を真に自己の血肉に取り込むことは難しい。しかし、いったん信頼を失った組織に、とりわけ不祥事が組織的に、あるいは経営判断として行われた場合に、自らにその作業を担わせることは可能であろうか。答えは、この作業が、展望的作業を除けば、実に司法の業務に類似することにある。独立性を担保された組織内機関に独立した権限を付与し、作業遂行のために障壁と免責の保障を与え、その機関が調査の過程に公平性と透明性を確保するとともに、優れた法的思考によって事実の認定とその評価を遂げ、作業の成果をおおやけにすることができれば、まさに準司法手続として自律的に措置することは十分に可能である。例えば、企業法務部に新たな役割を託すことはいかがであろう。法的リスクに精通し、適切な距離感と冷静な視点で業務遂行を総覧し、企業戦略法務にまで職域を広げる法務部には、回顧的作業はお手の物で、展望的作業もコンプライアンス担当部署と連携すれば、見事に役割を果たすことが期待される。これこそ「経営の羅針盤となる法務」であり、「ものを言う法務」（経営法友会編著『会社法務部［第一〇次］実態調査の分析報告』）の面目躍如であろう。

もっとも、その仕組みを成功させるためには、穏便に済ませたいとか、おおやけになることを回避したいという心を封じることが大事であり、フェアネス、透明性、手続的正義など現代社会が求めるものに対して研ぎ澄まされた感覚を培っておくことが求められる。その心や感覚は組織をあげて日ごろから鍛えておかねばならない。

不祥事が出来したときに、まずは自前で苦しみ抜きたいものである。第三者委員会の設置で一件落着ではあまりに寂しい。自律の作業の貫徹によって組織は鍛えられ、かえって信頼を回復することにもなろう。転んでもただでは起きないとの強い構えで臨みたい。

〔平成26年6月掲載〕

――法文書が書けますか

「販売価格の変更については、当事者の協議により定める」「契約の規定に疑義が生じたときは、誠実に協議して解決する」――いわゆる協議条項である。現在の企業間の契約にも国際的取引においても、なお多用されている。それは、この定めが困ったときの頼みの綱のように見えるからであろう。しかし、争いを引き起こす種にもなるのである。

法文書も、掲示による通告文から企業提携契約書までさまざま。その中で最も権威があるのは、いうまでもなく法令である。法令を見ると、第一に、趣旨・目的規定の下に扱う分野が明確にされている。第二に、名宛人の属性等が強く意識されている。第三に、一般法と特別法の関係のように法体系の整合性が図られている。第四に、用語や用例が一義的で共通性が保たれている。第五に、精神規定や宣言規定を除いて、実効性が担保されている。第六に、ただし書や除外規定などによって立証責任が考慮されている。第七に、法律事項と政省令事項が分別されるなど法技術による工夫がされている。第八に、附則において時間軸的配慮が示されている。

一方、法文書をめぐって裁判所で争いになるのは、その記載の体裁（例：メモ用紙に書かれているから正式の契約ではない?)、記載の程度(例:基本合意であって最終合意ではない?)のほか、多くは規定の解釈(例:条項が曖昧で別途解釈される?)である。しかも、これらの争いの種は、過去の事例や同種文例を安易になぞる場合や目的を果たそうとする意識が過度に強い場合に生まれている。

そこで、各種法文書の作成にあたっては、法令を範とし、裁判例を教訓とするとよいわけである。まずは、目的や時機に応じ柔らかな感覚を持って対処すること、当事者間の情報の格差や立場の違いを意識しておくこと、そして行為準則がやがて裁判規範となることを銘記しておくこと。時間や環境整備に制約のある段階では、あらゆる事態を想定して完璧を期するあまり、かえって紛争を生むということも忘れてはならない。時には実施政令のように、例示にとどめたうえ下位文書に任せるなど「不完備」にしておくことがあってもよい。事情変更の原則にしろ合理的意思解釈にしろ、常識に委ねられる部分は果断に見切るのも一法である。

さて、以上の観点からすると、冒頭の協議条項にはいくつかの問題があることに気付くのである。それ自体に法的拘束力を認めたり、裁判所が当事者に代わって決定し得る効果を導くためには、さらに具体的な要件や実効性を明示する規定が要求されるであろう。欧米流に危険予防を重視するか、日本流に不確定な未来を諦観するか、その中で揺れ動く八方美人は、とかく危険である。

——社外取締役は救世主か

〔平成26年9月掲載〕

会社法の一部改正法が成立した。社外取締役について、設置の義務付けは見送られたものの、社外要件の見直しと設置しない場合の理由の開示が定められた。

社外取締役については、既に昭和四九年の商法改正以来、監査役制度の強化とともに議論が繰り返されてきた。日本型経営においては、人材の流動性が低く、帰属意識が強いために、企業行動が固陋《ころう》になったり、あるいは監視機能が不全で不祥事に対して甘いことなどが指摘され、社外取締役の存在によって企業統治が高められることが期待された。やがて失われた一〇年といわれる経済の停滞の中にあって、果断な経営判断が控えられる事態を招来し、再び脚光を浴びることとなったが、その背景には国内外の投資家が我が国の企業統治に不審の念を抱いている事情があることも忘れてはならない。こうして、社外取締役の選任は、今や七四%に上っている（「東証上場会社における社外取締役の選任状況〈速報〉」）。

社外取締役の役割は、法案策定段階で整理されたとおり、「取締役会において経営全般を監督するとともに経営全般の評価に基づき経営者を監督する機能」と「利益相反の監督機能」にある。

要はその運用である。企業をめぐる紛争から社会を見ると、自立型社会を目指して、公正さと透明さを求め、手続的正義に敏感であることがうかがわれる。形だけの設置では到底納得されまい。まずは社外取締役の設置の目的を十分に確認したうえ、その選任にあたっては、その過程をできるだけ透明にして、会社との「人的関係、資本的関係その他の利害関係を検証し、その独立性・適格性等を慎重に検討」し、業務の遂行においては、公正さを担保するために、「取締役会で適切な判断をし得るよう、例えば、情報提供を継続的に行う等、何らかの枠組み」（金融庁「主要行等向けの総合的な監督指針」）を設けるなどして、組織の実情が不断に把握されるように積極的に情報開示を図るべきであろう。社外取締役自身においても、社内取締役の識見を補うために、社会の良識に基づき、長期的視座に立って、外気の注入と健全な牽制を試みることによって、取締役会を活性化させるように努めることが求められる。社会との絆を深めることになれば、経営効率が高められることはもとより、「社会的責任」を果たすことに連なることにもなろう。もちろん設置しない場合の理由の開示は、各会社の特性と背景事情、統治の実情などについて、丁寧にされなければならない。

二年後の見直しまでに、全員を社外取締役とするもよし、強力な任意の監査委員会を設けるもよし、各社がそれぞれの創意工夫によって実情に合ったモニタリングシステムの構築を堂々と果たして、会社法という基本法を煩わせることなく、自律的な制度設計によって、我が国のガバナンスに信頼を取り戻したいものである。これこそ自立型社会の面目躍如といえる。

――安全安心社会

〔平成26年12月掲載〕

民法（債権関係）の改正作業も要綱仮案が示され、いよいよ大詰めである。さて、民事実体法の運用を担保する装置はいかがであろうか。

我が国の民事裁判は、二〇〇五年以降およそ九万件（過払金返還請求を除く）で推移している。米国の八分の一、ドイツと比べても三分の一である（民事司法を利用しやすくする懇談会　最終報告書）。一方では、地方自治体の相談窓口や消費生活センター等には多数の相談が持ち込まれているという。法的解決を必要とする紛争がなお広範囲に社会内に伏在しているのが実情なのである。

その理由として、「法的解決の時間的・金銭的コスト」「法的アクセスの不十分」が指摘されている（裁判の迅速化に係る検証に関する報告書　第五回）。裁判に躊躇を感じた者は、四六・七％。その理由として、費用が七二％、時間が七三％である。民事裁判の平均審理期間は七・八か月であるが、医療関係訴訟や建築関係訴訟になると、その三倍にもなる。そもそも、弁護士の利用もまだまだ少なく、原被告双方に弁護士がついた割合は三七％にすぎない。

企業間の紛争に目を転じても、東京地裁の専門部に持ち込まれる会社訴訟は三五〇件前後で、そのうち八割ほどは非公開会社、とりわけ同族会社の親族間の紛争であるという。企業活動の国際化で、あるいは物言う株主によって、国際的な企業紛争や大規模会社のコンプライアンス関係の紛争が司法の場に持ち込まれつつあるとはいえ、司法が十分に受容されているのか疑問である。企業にとって、訴訟リスクは織り込み済みであるというものの、その予測可能性と解決までの道筋が示されなければ、企業活動はいつまでも不安を抱え、活性化も妨げられることになろう。

「法的アクセスの不十分」等については、法教育の充実はもとより、社会の隅々から紛争を汲み上げ、仲裁や調停などから最適のシステムを容易に選択できるように、法の担い手において、不断に対話や情報発信に取り組んでいかなければなるまい。なによりも、裁判官はもとより法曹が協働して現在あるツールを最大限に使いこなすことである。そのためには、マネジメント意識を強く持って、時間と費用の軽減に努めるほか、裁判過程の見える化を図ることも求められる。紛争当事者が自己決定できるように、裁判の心証を含む情報の開示を図ることも必要である。こうして実体法が埋めきれない部分を裁判が法規範として示すことができれば、企業活動の行為準則としても役立ち、紛争の予防・回避にも有益となるであろう。

紛争が正当に汲み上げられず、潜在化しているとすれば、社会の底に蓄えられたマグマはいつ爆発するかもしれない。紛争に対する備えを確かなものとしない社会は、安全安心社会とはいえまい。高齢化社会への突入、家族観の変容等を前にして、新しい革袋も用意されなければならない。民事裁判は社会の重要なインフラであることを今一度問い直したいものである。

——正義リスク

〔平成27年3月掲載〕

日本の製薬会社に対する製造物責任訴訟で米国連邦地方裁判所は二七六五万ドルの懲罰的損害賠償を決定。陪審員が当初命じた六〇億ドルを大幅に減額したものの、補償的損害賠償一二七万ドルの実に二一倍である。

懲罰賠償の報道に接するたびに、この制度の意義について考えさせられる。米国でこの制度を採用する州では、懲罰賠償を課すかどうか、その額をいくらにするかの決定権は陪審員にあり、賠償額の決定にあたっては、あらゆる事情が考慮され、なかでも加害者の動機や侵害態様などが大きいといわれる。賠償額の基準が曖昧で、時に過大な額が決められるとして、米国内でも問題点が指摘され、連邦最高裁も、かつて著しく過大な懲罰的賠償を修正一四条（適正手続）に違反するとした。しかしながら、この制度は社会の不正を抑止する制度として広く支持され、陪審制と弁護士成功報酬制度と並んで、米国の大きな司法を支えている。

不法行為に基づく損害賠償制度は、被害者に生じた損害を加害者に賠償させることにより不法行為がなかったときの状態を回復させることを目的とする。一方、懲罰賠償は「加害者に制裁を加え、かつ、将来における同様の行為を抑止しようとするもの」である。

懲罰賠償は、加害者の負担で被害者に被害の回復以上のものを与えるもので、加害者に対する制裁や同種行為の抑止機能は、本来は刑事上または行政上の制裁に委ねられるべきである。これが我が国のとる理念であり、まったく正しい。アメリカの正義が我が国では公序に反するというわけである（最二小判・平九・七・一一）。

問題はここからである。懲罰賠償が民事ルールを逸脱するものであるとしても、例えば、違法行為を繰り返す者、裁判結果や是正勧告を無視し続ける者を放置してよいかということである。たとえ「悪意の反復」がない場合であっても、製造工程の高度化・複雑化に伴い、欠陥が隠れ、しかも被害が広範で深刻になるという事態にも備えておかなければならない。懲罰賠償の担う役割を果たすためには、民事ルールで賄えないところであっても、行政ルールと組み合わせて、例えば、課徴金納付命令や差止請求（独禁法、金融商品取引法等）、無過失損害賠償や支払額の加算算定（大気汚染防止法、消費者契約法等）をより発展させ、司法の公正さと透明性を利用した予測可能な抑止ルールの仕組みが早急に用意される必要がある。

懲罰賠償は、正義が絶対の装いをするが、国によって異なる顔を持つことを教える。グローバルにビジネスを展開するには、正義の実現を目指す司法も正義を御旗に掲げる行政手続も土着的であると心得て、「正義」リスクを覚悟しておかなければならない。「これがアメリカでビジネスをするということ」と嘆息するのは（製薬会社社会長・二〇一四年一一月二七日付日本経済新聞朝刊）、至極当然である。

——会社訴訟で勝つために

〔平成27年6月掲載〕

会社訴訟には、最近、破棄事例が多いといわれるが、必ずしもそうではない。世の耳目を引く裁判が結論を覆されることで、いっそう注目を浴びるのであろう。社会経済の動きにつれて会社をめぐる新たな法律問題が生まれ、また、会社法の規定ぶりが包括的であることも一因となり、いくつかの見解が対立するままに裁判所に持ち込まれる。裁判では、当事者間の利害のみならずステークホルダー、さらには他の会社にまで目を配るよう迫られることも判断を難しくしている。

破棄の原因を求めて、著名な判例を覗いてみよう。

事業再編における子会社株式の買取りに関して取締役の責任が問われた事件（アパマンショップ株主代表訴訟）では、原審は、買取価格の設定には合理性がなく円滑な買取りを進めるための調査検討も不十分であったとして、責任を認めた。買取価額が鑑定評価額の五倍に当たるなどの事情からすると、道理のようにも思われる。しかし、最高裁は、事業再編に係る専門的判断として取締役の裁量権を最大限尊重し、善管注意義務に違背しないとした。

従業員による売上げの架空計上につき、代表者にリスク管理体制構築義務違反があるとして、株主が会社に株価下落に係る損害の賠償を求めた事件（日本システム技術損害賠償訴訟）では、原審は、代表者の過失を認めた。事業部による組織的不正行為に加えて近時のガバナンス重視の趨勢からすると、支持を得られそうである。しかし、最高裁は、従業員の不正行為が巧妙で過去に同種不正もなかったことなどから予見できなかったとして、リスク管理体制構築義務に違反はないと判断した。

取締役と会社との間で結ばれた不動産登記に係る契約につき、会社の株主が移転登記を求めた事件（大阪観光株主代表訴訟）では、原審は、株主代表訴訟の対象が取締役の地位に基づく責任に限定されるとして、訴えを却下した。取引のありようについて経営の裁量を尊重する趣旨からうなずけなくもない。しかし、最高裁は、会社や株主の保護の趣旨から、株主代表訴訟には取引債務についての責任も含まれると判示した。

これらの事例から、最高裁が何よりも時代や社会の受け止めようを敏感に察知し、利害関係者らを見渡した事件全容の「スワリの良さ」を重視している姿勢がうかがえる。

それでは、会社訴訟に勝つための処方箋は何か。支持学説の指摘にとどまらず、諸説の利益衡量を綿密に行ったうえで、立法過程や実証により自説を補強するとともに、必要に応じて外国の立法例や実例を示してそれらとの適合性を明らかにすること。とりわけ、現在の社会経済が求めている価値を鋭敏にキャッチして、背景事実や関連事象を示しながら、裁判所が反対の見解を否定する不安を解消することが求められよう。要は、「スワリの良さ」を目指して主張を絞り出すことに尽きる。

――検索エンジンと表現の自由

〔平成27年9月掲載〕

検索エンジンの周辺がかまびすしい。昨年五月にEU司法裁判所は、先決裁定で、検索サービス事業者に対して、リンク先のウェブページの情報につき削除の義務があるとした。我が国では、昨年一〇月に、東京地方裁判所が、仮処分決定で、同じく検索結果の一部の削除を命じた。これまでも掲示板管理者に対して投稿記事の削除を命じる例は多数見られたが、検索エンジンに対するものは初めてであるという。

仮処分決定は、要するに、「自分の氏名を入力すると、プライバシー情報に関する投稿記事が検索結果として表示された」と主張して、人格権に基づき、検索結果の削除を求めたものである。ここで主張された侵害行為とは、検索結果一覧を表示する検索サービス行為で、具体的には、検索ロボットがインターネットのウェブ上を巡回して検索情報を作成したうえ、利用者が入力したキーワードに関連するウェブページを抽出して、そのタイトルやURLを一覧の形式で表示することである。

さて、検索結果の表示は、表現といえるか。憲法二一条の保障する表現の自由とは、従来、字義どおりに、内心の思想を外に発表する自由と解されていたが、マスメディアの発達に伴い思想の送り手と受け手の分離が顕著になり、知る自由、さらにはコミュニケートする自由まで含むと捉えられるようになった。そして、今やインターネットの時代である。誰しもがいつでもさまざまな情報を発信でき、容易に情報を受け取ることも可能となる。検索エンジンは、ネット社会において他者の表現を流通の過程に乗せるもので、表現そのものではないが、表現主体の表現の自由と受け手側の知る権利を結びつける役割を果たす情報の媒介者といえよう。

媒介者においては、情報の内容に左右されずに、公平かつ中立に、情報を取り扱うことこそが使命である。検索エンジンが、アルゴリズムに基づいて機械的かつ自動的に作業を行うゆえんである。「思想、意見等を公衆に伝達する公的な場」では何よりも人為によって「不公正な取扱い」をすることがないことを第一義としなければならない（最高裁・船橋図書館判決）。もちろん、著作権侵害情報やリベンジポルノなどは、保護されない情報としてあらかじめ除外されたうえのことである。

今後も、過去の活動記録や職業上の資格に関する事実に関して、検索結果の削除が求められる事例が出てくるであろう。人格権の違法な侵害が許されてはならないことは当然であるが、正しく情報にアクセスする権利の確保がされる必要もある。リンク先の不穏当な情報を残したままで、情報の自由市場の入口を閉ざすことがあってはならない。そして、争いが生じた場合に迅速に対応する仕組みが早急に整備されるべきである。情報に関わる者の自主規制に委ねるばかりでは危ういからである。

表現の自由をめぐる問題は、いつの世も悩ましい。

――時代が変われば判例も変わる？

〔平成27年12月掲載〕

ある判例をめぐって、国会の内外がにぎやかである。

そもそも判例とは何か。裁判所は、個別事案の適正解決あるいは真相の解明を図り、その結果を判決または決定として明らかにする。そのうち、最高裁判所で下されたものが判例である。判例は、法についての解釈命題を示し、制定法に準じる規範的効力を持つが、この規範的価値は、明確にされ、広く知らされる必要がある。そのために、特に重要なものは公式の判例集（最高裁判所民事判例集など）に掲げられる。これらの判例の選別は、最高裁判所内の判例委員会で行われ、選別にあたっては、判示事項と判決（決定）要旨が決められ、これによって判例部分が明示される。

判例の拘束力は、判例部分において生じるが、判例によってその様相を異にする。判例には、一般判例（理論判例）、場合判例および事例判例がある。一般判例とは、一般法理を示すもので法律と同格の規範性が認められ、場合判例とは、一定の要件が満たされる場合に一般的に適用される規範として位置付けられ、事例判例とは、当該事例と同様の事情があって初めて適用される規範といえる。

さて、判例に示された法の解釈は、時代の変遷に伴って自在に変わるのであろうか。法の予期しなかった事象が生じた場合、あるいは国民の規範意識が変化した場合に、場合判例や事例判例があっても、その要件または事情が異なるときは、その拘束力はなく、時代に適合した判断を加えることができる。

これに対して、一般判例がある場合はいかがであろうか。一般判例であっても、新しい事象を迎えて、決して不動のものではなく、法規の当てはめと同様に、事象が異なる場合はもとより、特別の事情がある場合などには、その拘束を免れて変化に対応した新たな判断を示すことができる。例えば、憲法二一条の保障する表現の自由について、当初は字義どおり内心の思想を外に発表する自由とされていたが、やがて情報の流通の進展等に伴い、国民の知る自由が含まれ、さらにその趣旨として報道の自由、取材の自由、メモを取る自由なども含まれると判示された。これは想定されなかった事象について新たな法解釈が追加された場合で、判例の変更には及ばない。

他方、一般判例に示された従来の法解釈では賄えない場合がある。例えば、判例が、民法の解釈として、不貞をした者からの訴えは許されないとの法理を示していたときに、不貞をした者であっても、長期間別居している場合など一定の事由があるときには許されるとするのは、判例が示していた法解釈を変更するものである。この場合には、厳に大法廷における判例変更の手続によらざるを得ない。

司法は、明晰な論理と手続的正義の世界である。司法が最も嫌うのは、曖昧さと不合理、そして正当な手続きを踏まないことである。件の判例を読み返してみたい。

――見えないところに？

〔平成28年3月掲載〕

会社の不祥事が相変わらずである。過去から学んでいないの一言である。不祥事の原因は、組織内の暗黙の了解であり、曖昧な責任の所在であり、あるいは組織の風土や文化にあるなどといわれる。これらはいずれも見えないものである。コンプライアンスの要諦も、実は見えないところにある。

見えないものを語る前に、コンプライアンスに関して見えるものとは何かといえば、第一にガバナンスの仕組みとしての機関設計や内部統制システムであり、第二にコンプライアンス体制としてのコンティンジェンシープランや報告態勢などであり、第三にその担保としての行動規範や各種マニュアル、そして人材配置である。

一方、見えないものといえば、その状況はさまざまで、気づかない、見ているが無意識である、見て見ぬふりなどがあり、それに応じて、さまざまな見えないものがある。第一の場面としては、企業風土や経営者の意図、アウトソーシングや組織間の隙間などに気づかないことがある。第二の場面としては、法律や行動規範の趣旨・目的にまで意識が及ばないことがあり、社会経済事情の変化にも無防備で、成功部署の事情も見落とされることがある。第三の場面としては、経営の隠された意図や隠蔽された不祥事には見て見ぬふりがされ、業務上の違和感や職場の不穏な空気、さらに業界の慣行などにも目をつむる。これらの見えないものの縁由を探れば、組織面ではたこつぼ型の縄張り制約であり、業務の遂行面では効率性や迅速性の業務目的を過度に追求することであり、個人の意識面では会社コミュニティの枠による自己規制や偏った社内常識にあり、自分の期待に反する情報は無視するという確認バイアスもある。

厄介なのは、見えるものがどんどん見えなくなり、見えないものをあえて見ようとしない傾向があることである。コンプライアンスを確固とするためには、第一には見えるものの最適化と共有化を徹底することで、例えば、コンプライアンス体制や行動規範等が組織や職場に適合しているかどうかを不断に検証して、その成果を全社的に共通のものとする施策を続けなければならない。第二には見えないものを見えるようにすることであり、そのためには、見えないものを能動的に把握するように努めてそれを顕在化させることが重要である。この場合の作業として最も大事なのは「ことば」である。経営者あるいはリーダーが価値や理念を語り続け、各人が自律作業として普段から職場で意見交換を活発にし、上下間の語りかけや問いかけの常態化を図ることである。さらにその担保として、内部通報が重視され、人事その他の円滑な交流が進められ、ほかの部署と自由に往来でき、個人レベルでも異分野の職種人材等外部と接触し、外の空気を吸えるような柔らかな組織を作り上げることである。

コンプライアンスに王道はない。

――経営判断から原発訴訟まで

〔平成28年6月掲載〕

経営判断の原則といわれるものがある。株主代表訴訟制度の長い歴史を有するアメリカで、取締役の責任を軽減するものとして発展してきた判断準則である。我が国では、善管注意義務違反の有無につき、情報収集、調査、検討等の過程に、また、経営判断の内容に著しく不合理な点がない限り、違法性はないという判断に現れる。企業経営は常にリスクが伴うもので、時にはリスクを冒して大胆に決断する必要があるからであり、また、経営上の判断には専門的知識経験を要し、裁判所に実体判断を委ねることに懸念があることも理由とされる。

専門性といえば、医療判断はいかがであろうか。診断の過誤、施療のミス、転医判断の誤りなどをめぐって争われるが、いずれの場面でも専門的知見が求められ、しかもリスクを伴い、時にはリスクを冒して大胆な選択をする必要がある場合もあろう。行政においても、専門分野の中で広い選択肢から経験知による果断な判断を要求されることは同様である。

たしかに、司法は謙抑的でなければならない。現場を萎縮させることがあってもならない。高度な専門技術的判断を伴う場合に自ら実体判断を代置することは慎みたい。例えば、医療裁判において、治療の新規性や医療水準が争点になる場合に、協力医の意見を求め、それでも心証が取れないときは鑑定を求める。裁判官は、鑑定意見に従わなければならないものではないが、特別の知識経験を有する第三者の意見によって自らの知識や判断を補充することは相当である。また、科学裁判といわれる原子力発電所設置許可処分をめぐる訴訟で、現在の科学技術水準に照らし、原子力委員会等の調査審議において用いられた具体的審査基準に不合理な点があるか、その調査審議および判断の過程に看過しがたい過誤があるかどうかで決められるべきであるとしているのも（最一小判・平四・一〇・二九）、司法の謙抑的立場から首肯できよう。

一方、司法は正義の最後の砦である。専門性を根拠として安易に「判断基準」に寄りかかることは戒められる。経営判断の原則といえども、善管注意義務の規範要件の当てはめにすぎないことを忘れて、場面を問わずに独り歩きをさせてはならない。

同様に、経営、医療、行政などの現場においても、第一には法に則って厳正に遂行されなければならないのであって、「判断準則」を行為規範として、専門性に安住することは許されない。何よりも、ルールの不明確さが当事者に畏縮効果をもたらし、関係者を不安に陥れることになることを謙虚に省みて、普段から、経営ビジョン、診療ガイドライン、行政指針などを示して、判断の客観性の確保に努め、各場面で説明責任を果たすことが求められる。

もちろん、裁判官こそ最後の説明責任者であることを覚悟しておくべきである。

企業統治　―ヒントとしての司法

〔平成28年9月掲載〕

世の中には不満と怒りが溢れている。不正会計、燃費のデータ不正、政治資金の使途不明等々。しかも、その発覚後の始末が不満と怒りに拍車をかける。

怒りの根底には理不尽がある。理不尽を和らげる術は、理不尽を許さない仕組みから学ぶことである。コーポレートガバナンス・コードなどもさりながら、正義の砦である司法にこそ根本原理がある。専制君主の横暴や権力者の恣意を排するために成立した近代国家の裁判制度は、厳正と公正を確保するためにいくつかの原則を確立した。法による裁判、司法権の独立、裁判公開、さらに国民参加が付け加えられる。

司法からヒントを探ると。一つ、司法は法律のみに拘束される。企業運営にも不祥事の事後措置にも愚直に法律にのみ従うこと。法律に勝る上位規範はないと心得ておくべきである。正義では、えてして右往左往し、道義や情実などに寄りかかると必ず失敗する。今流にコンプライアンスである。二つ、司法は公開法廷で行われる。他者の眼にさらされることにより適正な手続が確保される。密室で談合し、隠れて処理することが歪みを生む。日ごろから他者を想定することで緊張が強いられ、隠すという意図も自ずから封じられるのである。今流に透明性である。三つ、司法は当事者の主張を基礎とする。正々堂々の言い分の応酬でひたすら判断者の理性に訴える。弁明は許されても、弥縫や声高が勝つことがあってはならない。もちろんごね得はない。経営も政治も、知性によって支えられ、知性による検証に耐えるものでなければならない。今流に知性主義である。四つ、司法は証拠によって勝ち負けを決める。言い分には裏付けが要求され、反対尋問や反証に耐え得るものでなければならない。憶測や検証不能も、もちろん手打ちや馴れ合いも許されない。今流に客観的合理性である。五つ、司法には裁判官がいる。いかなる事態にも独りで断を下し、判断に毅然と責任をとる。証拠と反証、利益と不利益が五分五分のような最も困難な局面を前にして、指導者は独り経験と知見をもって決断しなければならない。将たる者は普段から難局に耐え得る鍛錬をしておくことである。今流に判断の孤高性・崇高性である。六つ、司法は、結果を明瞭に示す。すべての言い分に丁寧に応答する責務がある。ヴィジョンやメッセージは、従業員、ステークホルダー、そして国民に向けて分かりやすく示されなければならない。今流に説明責任である。七つ、司法には上訴制がある。いっときの論争に敗れても、たとえ証拠を示すことができなくても、省みて、堂々とかつ謙虚に同じ土俵で営為を尽くすことである。遠吠えも開き直りもいけない。今流に清澄さである。

司法の根本義が満たされれば不祥事は生じないし、不都合な真実も隠蔽されない。企業も政治も第三者委員会も、ときに司法を振り返ってみるのもよい。

――ギャップ

〔平成28年12月掲載〕

近頃、ギャップについて考えさせられる。世代ギャップ、官民ギャップ、労使ギャップ、アイデンティティギャップ等々。

南シナ海領有権やクリミア半島支配をめぐる争いのように、国家ギャップは、国益や歴史が絡み、底知れない。欧州におけるアイデンティティギャップも深刻である。移民問題やBrexitを通じて、同化統合施策や普遍的歴史観の見直しが迫られ、公教育を通して従来型のアイデンティティを再構築すべきであるという。官民ギャップといえば、事後救済型社会にシフトしたからといって、規制をすべて悪と決めつけるわけにはいくまい。官にあっては、独立性の高い組織ほど閉塞化しやすいことを自覚して、民との間で開かれた対話を積極的に推進すべきであろう。東京一極集中の名の地域ギャップも、地域の空洞化とともに格差の歪み等もろもろの問題を生む。これらのギャップを埋めるには、気の遠くなるような忍耐としたたかな交渉、そして深い英知が求められよう。

政治の世界は政治に委ねるとして、企業内のギャップは、自助努力で埋めたいものである。バランスシート上のギャップは、当期の業務達成に急な余り、中長期の事業価値を見失ってはなるまい。事業のグローバルな展開に伴い、地勢ギャップも、喫緊の課題である。グローバルガバナンスを図るためには、ローカルスタッフの充実や人材の計画的育成のみならず、時に思い切った海外拠点の自律化も必須となるであろう。世代ギャップも注目される。顧問支配を老害などとして切り捨てることは容易であるが、老の経験知は無視しがたいはずである。その経験知を客観性に耐えるものとするために、そして独断専行を牽制するために、各段階で、老とともに壮と青を積極的に参画させる仕組みを作り、各世代の声を汲み上げる装置が用意されることが必要であろう。意識ギャップも厄介である。あらゆる組織にあって、独自カルチャーが澱のように沈殿してゆく。その浚渫のためには、組織を風通しの良いものとし、内向きな経営から脱却し、ヒラメ的で性急な意思決定を排することが重要で、要は、社会の良識とのギャップを埋めることが課題となる。社外取締役の役割もここにある。

あらゆるギャップは、社会経済の不確実性の高まりとともに拡大し、その埋め方が環境変化に追いつかないおそれがある。常日頃からギャップは至る所に存在すると認識し、変化に鋭敏な感覚を研ぎ澄ませておくこと。ギャップを埋めるための自前の仕組みを随所に作り上げ、それを能動的に作動させること。そして、その作業過程を第三者の目で恒常的に検証すること。もちろん、各場面で、顧客をはじめステークホルダーのすべてを考慮に入れておくことが肝心である。

忘れていたが、人工知能と人間のギャップ。それが語られる時も間もなくであろう。

――ポピュリズム

〔平成29年3月掲載〕

英国のBrexitに始まり、米国の新大統領誕生から欧州の首脳選びまで、ポピュリズムという批判がついて回る。民主主義とポピュリズムは紙一重である。「民主制とポピュリズムを分かつものは、民衆がエリート層の必要性を受け入れ、それに信頼を寄せること」（E・トッド『デモクラシー以後』）とすれば、「ポスト真実」（オックスフォード辞書の今年の言葉）に代わり叡智を見つけるための不断の努力を続けなければならない。厄介なのは、ポピュリズムへの懸念は、あらゆる分野に顔を出すことである。立法、行政、司法、そして企業の運営にも。

まずは立法から。「国政の権威は国民に由来」（憲法前文）するとはいえ、代表民主制に胡坐をかいていてはなるまい。社会構造が複雑化し国民の価値観も多元化している状況において、国権の最高機関がいかに正しく民意をつかみ得るのかが問われる。官僚にとって利益にならない法律は作りにくいと揶揄され、法律の審議過程では水面下の調整に任されたり、情報が途絶されているなどと非難されるが、これでは民意から離れるばかり。パブリックコメントを丁寧に求め、審議会については公正な人選に努め、審議の活性化が図られる必要があろう。

行政にあっても同様である。行政が民より一歩先を歩む必要があるとはいえ、官側の論理が先行することがあってはなるまい。行政指導からソフトローの世界に移行したといえども、その策定にあたっては、民の思いを予断なく各方面から公平に汲み上げ、各般に目配りがされなければならない。

司法にあっても、例えば、官の勝訴判決には行政追随と批判され、一方、住民側勝訴判決にはポピュリズム判決と難じられる。特に、家族のあり方や国の方向性を問いかける裁判で、社会通念や社会常識を見極めることはなかなか困難である。メディアやネット情報に翻弄される危険は常にある。著名な学者が語るように、「裁判官は、世間の批判や世論の圧力に屈せずに『良心に従ひ独立して』その職責を遂行すべきである。それが民主主義的な国家の秩序を維持するために欠くべからざる基盤をなすものであることを自覚して満足すべきである」(我妻栄『法学概論』)。

企業運営においても、ポピュリズムとは無縁ではあるまい。企業は、ステークホルダーとして、従業員、顧客、取引先、地域社会などと適切な協働に努めるべきであり、株主とも建設的な対話を行うべきである(コーポレートガバナンス・コードなど)。ステークホルダーとの関係性は誠心に基づくものでなければならず、対話は、できる限り実直に行われるべきである。

ポピュリズムは、我々の怠慢から生まれる。民意やステークホルダーの真意をつかむために対話力こそ磨かれなければならない。ここでも人工知能に頼りすぎることは危険である。

――株主は元気か　〔平成29年6月掲載〕

「配当、リーマン時の二倍」「売り推奨、株高を呼ぶ」などの見出しが躍る（日本経済新聞）。株主への還元を積極的に増やす姿勢が示され、株主アクティビストの活動も活発化してきているという。果たして、株主は元気なのだろうか。

たしかに、アクティビストの活動は、増配や自社株買いの要求にとどまらず、取締役の選解任や事業戦略の変更等にも及び、会社に厳しく対応を迫る。株主提案権の行使も、個人的な目的や会社を困惑させる目的で、些末な事柄を取り上げたり、あるいは多数の議案を提案するなどの濫用事例ばかりが目立つ。私人による法のエンフォースメントともいえる株主代表訴訟の実態を見ても、準備も尽くさないままに訴えを提起し、探索的証拠の申出を繰り返す。一方、安易な敵対的買収防衛策の導入の例も相変わらず見られる。これらの負の事情を受けて、濫用防止のための法改正も視野に入れられている。

これらを負の視点からとらえるだけではなく、積極的に迎え入れたいものである。コーポレートガバナンス・コードは、株主が総会議案に十分な検討時間を確保することができるように、あるいは株主との建設的な対話の充実やそのための正確な情報提供等の観点を考慮して総会関連の日程を適切に設定するように求める。スチュワードシップ・コードも、建設的な目的を持った対話によって企業価値の向上と持続的成長を促し、もって中長期的な投資リターンの拡大を図ることを謳っている。さらに、行政からは、株主提案権とともに株主の議案検討期間の拡大や議決権行使の基準日の検討を迫っている（経済産業省「株主総会プロセスの電子化促進等に関する研究会」、金融審議会「ディスクロージャーワーキング・グループ」、「日本再興戦略二〇一六」など）。

これらの声に株主がいかに応えるのかが問われているのである。株主が短期の利益を目指せば、会社はリスクの高い事業運営を促され、もって会社債権者にリスクが転嫁されて社会全体の経済性をも害することになりかねない。株主の権利の最大化はもっともであるとしても、長期的で広い視野から企業価値の最大化を目指すべきであり、そのためにこそ株主の権利の充実が図られるべきある。一方、会社側から見ると、アクティビストの動向や株主代表訴訟をとっても、経営判断を萎縮させることばかりではなく、企業運営に適度の緊張感を生む面もあるはずである。安易な企業防衛策に頼るだけでは、組織そのものを疲弊させることにもなる。何よりも、取締役・執行役にあっては、株主利益の最大化につき善管注意義務を負っているのである。

株主の誠実義務は、法律化の成否にかかわらず、その精神は生かされなければならない。株主の良識を信じたいものである。

「株主元気で留守がいい」。それではちょっぴり情けない。

――経営者は元気か

〔平成29年9月掲載〕

前回に株主は元気かと問うたが、さて経営者はどうだろう。トップの年齢は七〇歳以上が二四％を占め、在任一四年以上は一七・五％という（東京商工リサーチ「二〇一六年全国社長の年齢調査」、東洋経済新報社「役員四季報二〇一七年版」）。トップが高齢であったり、在任が長いということは、経営基盤が安定しているともいえるが、同時に次世代のリーダーが育っていないことでもある。何よりも経営力において、経営者年齢が上がるほど投資意欲の低下やリスク回避傾向が高まるというのも肯ける（中小企業庁「事業承継に関する現状と課題」二〇一六年）。

経営者を誰に据えるかは、会社はもとよりステークホルダーにとっても最大の関心事である。取締役会は、会社の目指すところ（経営理念等）や具体的な経営戦略を踏まえ、最高経営責任者等の後継者の計画（プランニング）について適切に監督を行うべきである（コーポレートガバナンス・コード補充原則四―一③）。普段から後継者育成計画に意を用いるとともに、切れ目のない体制のためにコンティンジェンシープランの用意もしておくべきである。もちろん後継者の決定は、情実に流されたり、あるいは派閥間の順送りや院政を敷くものであってはならない。船は船長とともにある。

一方、東証第一部・第二部上場企業を対象に行われたコーポレートガバナンスに関する企業アンケート調査結果によれば、相談役・顧問の制度が存在する企業は全体の七八％に上り、そのうち約六割は社長・CEO経験者が就任し、その役割として三六％が現経営陣への指示・指導だという。経済産業省のCGS（コーポレート・ガバナンス・システム）研究会報告書によれば、経営陣のリーダーシップ強化のための環境整備として、社長・CEO経験者を相談役・顧問として会社に置く場合、その役割を明確にし、それに見合う処遇を設定することを検討すべきで、あわせて、その人数、役割、処遇等について、自主的に外部に情報発信することには意義があるとしている。経営責任を明確にするために当然といえよう。船頭多くして船山に上る。

そもそも経営者には何が求められているか。お定まりのマキアヴェッリや経営書の外からのぞいてみると、①孤独に耐えられること、②時代の理念が乗り移っていること、③冷徹な理性をもつこと、④修羅場に強いこと、⑤怨霊を作らないこと、⑥組織の危険を予知し、それに備える嗅覚をもつこと、⑦私にこだわらないこと、が挙げられている（梅原猛コラムVol.76「リーダーの七つの条件」）。孤独に耐えつつ冷徹な理性を備えて時代の要求を把握するのに、年齢や経験は意義があろうか。

論語の説くとおり、天命を知れば耳順《したが》い、もはや心の欲するところに従って矩《のり》を踰《こ》えない。目いっぱい働き、時を捉えて道を譲り、そして自適。それでこそ経営者は元気といえよう。

──説明責任

〔平成29年12月掲載〕

スキャンダルの言い訳と企業不祥事のお詫びは見飽きた光景である。その際に必ず問われるのが説明責任である。

説明責任は、いろいろな場面で登場する。裁判の場面では、裁判所に対して判決書に理由の記載を求める（民事訴訟法二五三条）。判決の説明に納得がいかないときは、上訴や不服申立ての根拠とし、理由が付されていないとなると上告することもできる。行政の場面では、行政庁が不利益処分をしようとするときや許認可等を拒否するときに、理由を示さなければならない（行政手続法一四条、八条）。情報公開の場面では、「政府の有するその諸活動を国民に説明する責務が全うされるようにするとともに、国民の的確な理解と批判の下にある公正で民主的な行政の推進に資することを目的とする」と定める（行政機関の保有する情報の公開に関する法律一条）。もう一つ重要な場面に、医療がある。ここでは患者の同意を得るための説明義務と医療方法を示すための説明義務がある。その内容については、「当該疾患の診断（病名と病状）、実施予定の手術の内容、手術に付随する危険性、他に選択可能な治療方法があれば、その利害得失、予後など」とされている（最三小判平一三・一一・二七）。まさに、患者に迷いや不安が生じないような配慮がされている。

さて、会社はといえば、取締役等は、「株主総会において、株主から特定の事項について説明を求められた場合には、当該事項について必要な説明をしなければならない」（会社法三一四条）。株主総会の場以外においても、「株主との間で建設的な対話を行うべきである」とともに、経営陣幹部らは、「自らの経営方針を株主にわかりやすい形で明確に説明しその理解を得る努力」を行うべきである（コーポレートガバナンス・コード基本原則五）。

説明義務の根拠は、診療契約を例にとれば、医師が患者との準委任契約に基づき善良な管理者の注意をもって診療すべき義務にあり、不法行為責任が問われる場合では信義則上の義務にあり、行政その他の場面でも、負託された信任関係から発生するものであるといえよう。その義務者は責任主体またはこれに最も近い者、その時期は関係者の不満や不安が生じまたは生じ得るときに最も近接するとき、その方式は明瞭な言葉で関係者に最も届きやすい方法ということになろう。そして、その内容はといえば、関係者が理解および判断を成し得る状態に達しているかを基準として（東京地判平一六・五・一三）、むしろ説明しないことに正当な理由があることを吟味すべきである（会社法施行規則七一条四号）。

関係者にとって、自己決定ができないことと、結論に納得できないことは不安であり、不満である。不安や不満が鬱積すれば、説明主体側に大きな損失を及ぼすことになる。率先して誠実な説明を尽くすことは、結局、安くつく。

――最適人数

米連邦公開市場委員会（ＦＯＭＣ）には一九人のメンバーがいる。これが多すぎるのではないかといって議論百出という記事があった（二〇一七年一一月一五日付日本経済新聞）。コミュニケーションをテーマに主要四中銀のトップの間で議論が交わされたときのこと。市場との対話と情報の開示伝達からの問題提起である。ちなみに、日本銀行政策委員会は九人である。

我が国の審議会等を見ると、適正な人数であるかどうか首をかしげたくなるときがある。国家行政組織法では、「重要事項に関する調査審議、不服審査その他学識経験を有する者等の合議により処理することが適当な事務をつかさどらせるため」と規定され（八条）、その人数は政令などに委ねられている。それにしても上限三〇人は多すぎないか。

立法と司法はいかがであろう。国会や地方公共団体議会は、もちろん利益代表者の人数だけは必要である。ここでは、利益集約が何より重要で、多数決による意思決定は民主主義の原点である。もっとも、そのぶん他の利益が犠牲にされることがある。司法は、合議体裁判では三人から成る。三人寄れば文殊の知恵ではないが、真実発見の目的のためには少人数の討論型が優れている。裁判員裁判では、裁判員の人数は六人とされた。その理由は、各裁判員が責任感と集中力を持って主体的に関与し、

〔平成30年3月掲載〕

かつ、国民の多様な感覚を反映させる必要があることといわれる。

会社に目を転じると、部署ごとの会議や各種プロジェクトチームから取締役会までいろいろある。各種会議が真にブレイン・ストーミングを果たすためには、二人でも足りるはずである。取締役会や指名委員会等設置会社の各委員会については、会社法上、三人以上とされている。

ここで集団内のコミュニケーション・ネットワークの理論などを振り返れば、意思形成の集団の人数は、結局、①当該集団に委ねられた目的、②目的を達成するための成員の資質・能力、③集団内での意見交換の時間的効率、④意見交換の充実度と意見の反映の程度、⑤成員の満足度などによるといえよう。

取締役会を例にとれば、企業戦略等の意思決定の場であり、かつ、経営陣に対する監督の場でもある。その目的を果たすために会社の実情と取締役の能力を見据えながら、過去の運営を省みて適正規模を探らなければならない。さらにいえば、人数よりもむしろ会議のあり様である。根回しの後の形式的議決を装い、あるいは責任分散と協調のみに重きを置いて異論噴出を避けたがる日本型会議であってはなるまい。全員一致は無効の決定というのはユダヤの教訓であった。的確な情報収集と充実した討論がされていれば、経営判断もためらいなく、速やかであるはずである。ちなみに、裁判所の合議には、若い順の意見の開示と飛び乗り飛び降り自由の二つの原則がある。

とかく会議は難しい。

――怪文書も快文書も　〔平成30年6月掲載〕

文書が偽造であるとか、原本を隠しているといった争いは、民事裁判ではよくあることである。文書は、契約の成立や取引の過程あるいは会社の経営のあり方を証明する大切な武器であり、訴訟の命運を握る。しかし、証拠と認められるためには、まずは文書の正しさが証明されなければならない。

文書の証拠申出がされると、相手方は、偽造と思えばその成立を否認すると答え、原本がないのはおかしいと思えば原本の存在を否認すると反論する。相手方もいたずらに成立を争うことは許されないのであって、成立を否認するときには理由を明らかにしなければならず、真実に反して文書の成立を争ったときには過料にも処せられる。そして、成立に争いがあれば、提出者が作成者と主張する者によって間違いなく作成されたものであることを立証する必要があり、証人や本人を取り調べることになる。この場合に、文書が正しいと声高に叫ぶだけでは足りず、他の客観性の高い証拠を突きつける必要がある。この立証が成功した場合にはじめて文書が真正に成立したということになる。この段階で偽造文書や怪文書は除かれるわけである。

文書が正しいとなっても、その中身まで真実であることにはならない。文書にもいろいろあるが、自分側に有利なことばかりが書かれているものは、かえって眉唾と受け取られかねない。怪文書はいけないが、自分側にのみ心地良い快文書にも注意を要する。

さて、会社の文書はいかがであろうか。会計帳簿等はもとより取締役会議事録や稟議書が重要であることはいうまでもない。取締役会議事録について、裁判で争われることを嫌って簡単な記述に留めたものに当たることがあるが、かえって不信感を抱かせる。社内の各種規程について、紛争当時のものを提出すると、過去のものも出すように促されることがある。改定の有無や時期が問題となるからである。メールのやり取りが争いのタネになることも多い。部署を越えたものの提出や削除された部分の復元を求められることもある。文書の保存期間が短く設定されているとか、早々と焼却されたという理由で提出がされないと、それだけで裁判所の心証を悪くすることもある。作成者と作成日が明確にされることはもとより、記載の体裁や程度、保存期間にも留意しておかねばならない。

公文書については、民事裁判上は、その方式や趣旨から公務員が職務上作成したものと認められるときは、真正な成立が推定されるという特別の配慮がされ、行政上は、「公文書等の管理に関する法律」が、文書の作成から整理・保存・管理まで行き届いた定めを用意している。この法律は、会社の文書にも多くのヒントを与えてくれる。その趣旨が活かされないとすれば、情けない。

――来客用エレベーター

〔平成30年9月掲載〕

社外取締役に就いている友人から、来客専用エレベーターを使用して良いものかと尋ねられた。別の友人は、社外取締役の会社を当社というべきか御社というべきか迷っているという。

社外取締役の実情を見ると、東証一部上場会社では八八%の会社が独立社外取締役を選任しているという。平成二六年改正会社法は、社外取締役を置いていない場合には、定時株主総会で「社外取締役を置くことが相当でない理由」を説明しなければならないと定めたうえ、附則で、施行後二年を経過した場合に、社外取締役の選任状況等を勘案して、企業統治制度の在り方について検討を加えることを明記していた。この度の中間試案では、社外取締役について、業務執行の委託などの活用等と共に設置の義務付けが問われている。

さらに、この六月一日に公表された金融庁による「投資家と企業の対話ガイドライン」は、独立社外取締役に対して、「持続的な成長と中長期的な企業価値の向上に実効的に寄与していくために必要な知見を備えているか」「自らの役割・責務を認識し、経営陣に対し、経営課題に対応した適切な助言・監督を行っているか」と厳しく問いかけ、東京証券取引所では、コーポレートガバナンス・コード（CGコード）の改訂が行われ、一定の上場会社は「十分な人数の独立社外取締役を選任すべきである」と明記された。

社外取締役の役割にますます期待を寄せることを物語っている。

ここで社外取締役の役割・責務について振り返ってみると、経営の方針や経営改善について「自らの知見に基づき」助言を行い、「経営陣・支配株主から独立した立場で」少数株主をはじめとするステークホルダーの意見を取締役会に適切に反映させ（CGコード原則四―七）、「取締役会における率直・活発で建設的な検討への貢献」がされなければならないのである（同原則四―九）。

役割を果たすためには、もちろん会社の業務を理解しなければならない。そのためには社内の会議にも積極的に参画するなどして能動的に情報を入手すべきである。独立性の観点からは、社外取締役のみを構成員とする会合を定期的に開催するなどして客観的な立場に基づく情報交換・認識共有を図り（CGコード補充原則四―八①）、外部の知見者としては、自由闊達で建設的な議論・意見交換を尊ぶ気風の醸成のために（同原則四―一二）、外部の眼から見て足りないところを補い、経営者の選解任に至るまで主体的に関与し、企業風土に新風を吹き込むことが期待されている。

最も重要なのは、会社にあっては適切な情報開示と透明性の確保であり、社外取締役にあっては独立性と外部知見である。来客用エレベーターには、独立性を意識して遠慮しつつ利用し、呼び名については、参画意欲を示して毅然と当社と呼ぶこととしよう。

――優越的地位

〔平成30年12月掲載〕

スポーツの現場でコーチから不当なプレーを強要される。介護の現場では高齢者に対して残忍な扱いがなされ、家庭にあっては子どもに対する虐待が痛ましい。職場や教育現場ではハラスメントの事件が絶えない。これらの場面では、共通して支配従属関係があり、加害者側に優越的地位が見られる。

優越的地位といえば、いわゆる独占禁止法に定めがある。「自己の取引上の地位が相手方に優越していることを利用して」(二条九項五号)、不当に取引を行うことが不公正な取引方法として禁止される。銀行法でも、「顧客に対し、銀行としての取引上の優越的地位を不当に利用して、取引の条件又は実施について不利益を与える行為」(同法施行規則一四条の一一の三第三号)につき、顧客の保護に欠けるおそれがある行為として禁止している。そのほか、金融商品取引契約についても同様の定めがある(金融商品取引業等に関する内閣府令一五〇条一項三号)。

優越的地位は、情報の格差があったり供給の支配が限られていたりする取引の場面などに留まらない。行政や司法の場面はもとより、宗教団体や政党、あるいは芸術文化団体などの各種の部分社会、会社や家庭においても見られる。これらの場面では、過剰な権限行使や不当な措置を抑止するための仕組みが用意されている場合がある。取引の場面では、例えば、消費者契約に関して「契約の内容が消費者にとって明確かつ平易なものになるように配慮するとともに、……必要な情報を提供するよう努めなければならない」と定め（消費者契約法三条一項）、金融商品の販売等については、説明義務が厳しく課されている（金融商品の販売等に関する法律三条）。不利益処分にあたっては、あらかじめ処分基準を定め、聴聞や弁明を用意し（行政手続法第三章）、司法権の行使においては、公開制や口頭主義を担保し、密室での取り調べには録音録画が用意されようとしている。

抑止装置が用意されている場合はまだしも救われる。しかし、部分社会やその現場では抑止の仕組みを持たないのが通常である。優越者側が優越性の認識に至らない場合や優越的地位に安住する場合を見越して、抑止装置を準備しておかなければならない。司法や行政手続などの仕組みを模して、内部にあっては透明性を確保すること、上下間の意思疎通を図ること、そして外部に対して情報の開示と相互交流が求められる。そのためには、例えば銀行法施行規則（一四条の一一の三の三）に定めるとおり、従属側の保護を適正に確保するための体制の整備と行動規範の策定が必要となり、その実践のためには意識涵養のための研修が不可欠となる。

要は、優越的地位の危険性がおのずと認識されるように環境を整備し、部分社会の公共化への努力が必要とされるのである。

――あり得ない判断

〔平成31年3月掲載〕

ある外国における判決に対して、「あり得ない判断」と抗議があった。ある外国籍の経営者の逮捕に法治国家の正当な手続ではないと批判があった。あり得ない判断とは、法治国家とはどのようなものであろうか。

判決に関与できない裁判官が関与したとか、判決に関与した裁判官が職務に関する罪を犯したという場合、偽造文書や虚偽の陳述が判決の基礎にされたという場合は、再審の事由でもあり、堂々と異を唱えることも許される。しかし、実体の判断については、上訴によって争い、それが最上級審の判断であれば、まさにあり得ない判断と叫ぶしかないのである。

そもそも、裁判官は、どのように判断を進めるのか。訴状が持ち込まれるや、事件の見立てがされる。訴えの根拠とする法規範が到底受け入れられない場合、信義や常識に照らして事件のスジの悪さを感じる場合には、例えば、数十年前の事件であれば、なぜ今ごろ訴えに及ぶのかと首をかしげるのは当然で、当事者に合理的な説明を促すことになる。

訴えを提起する側にあっては、訴えの根拠と事情について世間の常識に照らして頷き得るような説明に努め、相手側は、「あり得ない判断」を避けるために不合理な事実を徹底的に追及することである。裁判官に公正を妨げる事情があるときは、裁判官を忌避することも最後の手段である。

これが外国の裁判所ではどうか。外国裁判所の確定判決は、判決の内容や訴訟手続が日本における公の秩序または善良の風俗に反するときは効力が否定され、仲裁判断も、同様の場合に取り消される。とはいえ、外国の裁判で足をすくわれないためには、その国の法秩序や立法事情、さらに行政規制を把握しておくことはもとより、見えない部分に目を凝らしておくことが肝要である。それは三権の構造であり、司法と政治との距離であり、さらに、何を優先価値とするカルチャーであるか等である。

条理と衡平は社会を問わず同じであるというのは楽観であり、法の支配とか手続正義というものは、どこまでも不安定である。司法に危うさが認められれば、裁判に見切りをつけること、せめて最上級審の判断を回避するために敗訴判決を覚悟して司法外で争うことも苦渋の選択肢である。国際慣行や国際法による手段を探り、それも叶えられなければ国際世論に訴えるしかあるまい。

司法の生命は、独立と公正である。時の権力からの独立が保たれて初めて法の支配が生まれる。見かけの独立は、かえって暴走を生む。真の独立の証のために、司法には、手続を透明にし、説明責任を果たすことが求められ、その担い手には何よりも公正に対する強い意志がなければならない。司法は、その行使がむき出しであるだけに、国家の価値を測るバロメーターになる。

――情報の値段

〔令和元年6月掲載〕

個人情報は三〇〇〇円。氏名のほか、性別、生年月日、住所、電話番号、保護者名の情報が外部に漏えいしたことにより精神的損害を被ったとして、不法行為に基づき慰謝料一〇万円の支払いを求めた事案で、裁判所は、情報漏えいによる精神的苦痛に対する慰謝料として三〇〇〇円の支払いを命じた。情報もいろいろ、侵害の態様もいろいろである。例えば、インサイダー情報については、五年以下の懲役または五〇〇万円以下の罰金、法人には五億円以下の罰金、もちろん得られた財産は没収され、カルテルや入札談合で交わされる情報は、違反事業者に対する課徴金として、あるいは懲役刑や罰金として評価される。

情報通信技術の発展に伴い、データの流通は飛躍的に拡大し、そのいっそうの活用が図られる。例えば、大量に流通するデータは、商品開発、予防医療、災害抑制など新たな価値の創造につなげられ（官民データ活用推進基本法）、さらに情報銀行では、個人からデータの受け入れと企業への提供が行われる。ここでは、データ自体が新たな資源として価値を認められ、個人もその価値保有者として市場を形づくるが、同時にデータの管理が厳しく求められる。一方、情報の活用が業界の変容と伝統的な業法の変化を迫るとともに、プラットフォーマーにデータの独占を許し、さらに、グローバル化の進展に応じてその移転が越境する事態に及ぶ。ここでは、個人情報が利用者の意図を越えて拡散したり、転売されたりする危険すら生じ、データの不当な囲い込みの懸念もある。くしくも、米国Facebookにおいて最大八七〇〇万人の情報が流出したばかりか、保有する個人情報を一五〇社以上の企業に共有を許していたとか。「FBにとっては私達が商品なの」と憤る声（一月一五日付日本経済新聞朝刊）はもっともである。

情報の活用の環境の整備とともに、情報の保護、さらには個人や法人の権利の保護が不可欠である。二〇一八年五月施行のEUの一般データ保護規則では、個人データに係る自然人の保護と自由な移動を目的に掲げ、アクセス権とともに訂正権や消去権を定める一方、管理者には処理行為の記録や侵害の通知を定め、救済制度と制裁金や罰則などを用意する。同年六月成立のカリフォルニア州消費者プライバシー法は、データの開示請求や転売の禁止とともに、民事制裁金を定め、個人情報の侵害に対しても、一個人につき一〇〇〜七五〇ドルの損害賠償を認める。我が国でも個人情報保護法の三年ごとの見直しにあたり、消去権や持ち運び権の確保や事後救済策などのほか、データ利用の監査等の対策も用意されなければならない。

そもそも利便性の代償として個人の利益の侵害が避けられないと覚悟すべきである。自己責任を徹底するか、データの価値や侵害の態様を見極めて予防と回復の措置を行政規制に委ねるか、待ったなしである。

――経営者の報酬

〔令和元年9月掲載〕

取締役に対する報酬が高すぎる、有価証券報告書の記載が過小であるなどと自動車メーカーも大変である。取締役報酬の決定を代表取締役に一任して五億円余り増額したのは善管注意義務に違反すると訴えた株主代表訴訟もあった（東京高判平三〇・九・二六）。ある会社では、いわゆる「クローバック条項」を定款で導入されたいという株主提案がされたとか。インセンティブ報酬のあり方については法制審議会の議論も熱かった。経営者の報酬をめぐってにぎやかである。

経営者の報酬の実情をみると、時価総額別で、一〇〇〇億円未満の企業群で五〇四一万円、五〇〇〇億円未満で七六〇五万円、一兆円未満で九七五〇万円、一兆円以上で一億五三五三万円であり、インセンティブ比率では、それぞれ二五・〇%、四〇・二%、四二・九%、六四・七%である（「二〇一八年度経営者報酬サーベイに関する調査結果の概要と視座」商事法務二一九六号四〇頁）。我が国の取締役に対する報酬は、固定の基本報酬部分は遜色ないが、業績連動賞与、株式報酬などのインセンティブ報酬分が欧米と比較して見劣りするといわれて久しい。

そもそも役員報酬とは何かが問われなければならない。取締役の報酬について、会社法は、固定額または算定方法、非金銭についてはその内容を定款または株主総会の決議で定めることとするほか特に定めがない。取締役は、会社に対して善管注意義務と忠実義務を負い、具体的業務では報告義務等のさまざまな義務を負うほか、競業や利益相反行為を制限される。要するに企業利益を最大化する義務の対価というわけである。

経営者報酬の具体的な決定においては、雇用や請負の報酬交渉過程で、良い仕上がりを期待し、そのために懸命に働くように誘導するのみならず、市場の横並び価格などの制約の中で、人材が得難いかどうか、特殊能力や専門的知見を持っているかどうかなどが考慮されるように、経営陣に優れたコミットメントを求め、企業価値向上へモチベーションを高め、リスクテイクを覚悟させることはもとより、経営者人材の流動性や社内の心理的抵抗感なども作用するであろう。「『攻めの経営』を促す役員報酬」（経済産業省産業組織課、二〇一九年五月）にあるとおり、企業の持続的成長のためにインセンティブプランの導入がいっそう図られ、また、このたびの有価証券報告書の記載事項改正の示すとおり、企業と投資家の建設的対話の促進に向けたガバナンス情報の提供として、業績連動報酬など報酬プログラムとそれに基づく報酬実績等の透明性が求められている。

高い報酬は、経営者の器量を大きくするともいう。従業員を納得させ、市場からも受け入れられ、他業種や取引先からも応援されるような報酬を決めたいものである。そのためには、何よりも報酬のあり様が透明でなければならない。

裁判は今

〔令和元年12月掲載〕

刑事裁判は、本年五月に裁判員制度一〇周年を迎えて長期化などが騒がれたが、民事裁判では、裁判書類のウェブ提出などＩＴ化と審理短縮制度が議論されている。民事裁判といえば、かつては、法廷で双方の弁護士が書面を交換し、書面のとおりと述べるばかりで、終わりが見えず漂流型審理などと揶揄されていたが、さて現状はどうであろうか。

先の司法制度改革の提言を受けて、迅速審理のために、集中証拠調べとともに、計画審理について規定され、裁判官にあっては、争点整理段階から積極的に関わり、必要に応じて心証を開示し、主張立証上の課題と審理の見通しについて当事者と認識を共有することが試みられている。専門訴訟では、例えば、医療訴訟について見ると、医学上の高度な専門的知見が要求され、しかも情報が医療機関側に偏在している状況で、双方当事者の協力によって、診療録や看護記録、各種検査結果等を基に診療経過一覧表を作成したうえ、担当医から画像等を見ながら口頭で説明を受け、証拠調べでは主尋問連続方式などが工夫され、知見の獲得については大学病院から推薦される複数の医師によるカンファレンス鑑定などの方法がとられている。知的財産権訴訟では、技術の進歩が著しく、紛争の経済的規模も大きくなってきている中で、迅速処理のために、専門用語や新しい製品の仕様などの理解が得られるように、図面や説明用ソフトを使うなどの工夫がされ、争点や裁判所側の疑問を解明するために専門委員の関与の下で技術説明会が行われている。建築訴訟では、多数の瑕疵等の主張がされたり、居住用建物への強い思い入れから感情的に激しく対立することが多いために審理に困難を伴うが、専門家調停委員の関与による調停手続を活用して、主張と証拠の整理を行い、調停委員会としての心証を適時に示したうえで、当事者との間で十分な議論を交わすことによって、当事者間の利害調整を行うとともに、感情的対立も和ませている。そして、会社訴訟では、会社の規模によって紛争の実態が大きく異なり、小規模会社にあっては、根底にある長年の感情のくすぶりをほぐすことを迫られ、大規模会社にあっては、ステークホルダーも含めて、利害関係が錯綜するためその目配りをすることに難しさがあり、そのうえ、新株発行差止の裁判など判断に時間的制約があったり、経済事象の動きの中で新規の問題に多数の意見書が提出されて判断を迫られる中で、争点等整理手続において、背景にある経済社会状況について裁判所と当事者との間で問題意識を共有しておくために、ディベート型審理と称して口頭議論が行われている。

裁判において、迅速性の確保が重要であることは疑いないが、当事者から不満が寄せられるのは、裁判の遅延よりもむしろ十分に審理がされなかったというものである。迅速と納得、この両立がなかなか難しい。

――株主第一主義

〔令和2年3月掲載〕

会社法の一部を改正する法律（令和元年法律第七〇号）が成立した。社外取締役の設置の義務化など、企業統治等の規律を見直すものである。審議過程で、株主権の行使に関して、政府案に修正が施された。株主提案の議案数の上限を一〇とすることは良しとしたものの、「株主が、専ら人の名誉を侵害し、人を侮辱し、若しくは困惑させ、又は自己若しくは第三者の不正な利益を図る目的で、当該議案の提出をする場合」に制限を加えようとした条項などが削除された。株主による不適切な議案提出などに関しては、権利の濫用であるとしてその行使を排斥したいくつかの裁判例もあり、あらゆる権利について、信義に従い誠実に行使しなければならないことは既に規定もある（民法一条二項）。株主権の放恣の行使を許してはならないが、個別性の高い事例を一般規定で規制することは本来望ましいものではあるまい。

おりしも、米国から株主第一主義の変更というニュースである。米国主要企業の経営団体は、株主第一主義を見直し、顧客や従業員、取引先、地域社会、株主のすべての利害関係者の利益に配慮し、長期的な企業価値の向上に取り組むと宣言したとか。配当増加などの株主利益を優先してきた米国型資本主義の転換であるという。そもそも会社は誰のものかの問いがよみがえる。会社自身が、「社会を構成する社会的実在」(最大判昭四五・六・二四民集二四巻六号六二五頁)として、企業価値を高めることを目的とする団体であり、その目的に向かって、株主は、会社にとって必要不可欠の資本を提供し、経営者と従業員は、知見と経験と労働力を注入する。いずれが第一というわけでもあるまい。株主主権論の説くように、株主が会社の所有者であるとしても、株主利益の最大化を標榜しながら、企業価値を毀損するような所為は許されないはずである。

何よりも、企業価値を高めるうえにおいて大事なことは、古くは米国トレッドウェイ委員会組織委員会COSO報告書などにおいて強調されているとおり、情報の伝達である。情報の伝達は、経営トップによる経営理念やその方針の語りかけから、社内における上下間や部署間で行われる情報や意見の交換、さらには、内部通報制度や会社のホームページなどを含む内部から外部への情報の発信と、メディアによる報道や市場からの声などの外部からの情報の受容までさまざまな場面で現れる。株主権の行使の場面では、株主との間でされる建設的な対話こそ重要で(コーポレートガバナンス・コード)、まずは、双方の自助において、実体でも手続でも正しさが担保されるように努めなければならない。

安易な法律規制は、権利の使い方を成熟から引き離し、企業の足腰を弱くするおそれすらある。社外取締役の設置についても、形だけに終わってはならない。

――法教育とコンプライアンス

〔令和2年6月掲載〕

企業不祥事が絶えない、経営者からの説明責任が果たされない、企業活動等においてコンプライアンス意識が希薄である、などなど相変わらずの声。会社では行動規範が作られ、行政からは多くのソフトローが示されているにもかかわらずである。不祥事発生のたびに、企業風土や企業文化が非難されるが、これとて経営者と従業員の総体としての意思の表れである。行動規範や各種マニュアル、行政通達等を与えられたものと受け止めている限りは事態を変えることは難しい。各人が企業現場で自らどのように考え行動するかが試されている。

司法制度改革において、司法は公共性の空間を支える柱であるとされ、国民的基盤の確立のための条件整備の一つとして、「司法教育の充実」が掲げられた（司法制度改革審議会意見書）。米国では一九七八年の連邦議会において「法教育法」が制定され、小学校低学年から高校生まで反復継続して法教育を実施するシステムが構築されているとか。法教育の狙いは、究極には法の支配を図ることにあるとしても、単に司法制度の仕組みや紛争解決の手続を教えることだけでは足りず、「自分の考えを持ち、積極的かつ論理的に意見を述べ、また自分と異なる見解にも十分配慮して、討論、合意形成、建設的批判などができる能力を身に付けさせること」が挙げられる（法教育研究会）。また、デジタル化の進展、人工知能の普及など近年の科学技術・イノベーションの急速な発展が人間や社会のあり方に変容を迫る中で、豊かで持続可能な社会を実現するためには、人間や社会の多様な側面を総合的に理解することが必須であり、そのために人文科学と自然科学の連携が必要とされ、特に人文科学の特質であるリフレクティブ・キャパシティが果たす役割が重要であると説かれる（総合科学技術・イノベーション会議 基本計画専門調査会 制度課題ワーキンググループ）。

コンプライアンスの実践において最も要求されるものは、コミュニケーションであり、真の意思疎通を図るには、感情を制御して自分の意見を客観化し、それを発現することが求められる。その基礎に法教育の目指す能力がある。リーガルセンスなりリーガルリテラシーは、企業活動の身近でさまざまな場面、例えば、顧客と接するときはもとより、商品の説明書を作成するとき、職場内においてはPDCAサイクルを回すとき、報告、説明、討議をするときなどに要求される。さらに、説明責任を果たす場面では、情報の発出側に必要かつ十分な緊張を与え、人工知能などの基盤の整備とその活用を図る場面では、適正さを確保するとともに情報の受容側の歪みを防ぐうえでも役割を果たすことができる。もちろん、議論の場で、問いと答えが噛み合わないなどといった情けない状況も破られるであろう。

法教育は、まさに生涯学習でなければならない。

――この国のかたち　〔令和２年９月掲載〕

疫病との戦いの最中である。国と地方の関係をめぐって喧しい。新型コロナウイルスに関する特別措置法によれば、国は自ら対策を実施するとともに、地方公共団体の施策を支援し、国全体として万全の態勢を整備し、発生に際しては、基本的対処方針で全般的な方針と対策の実施事項を定め、さらには緊急事態宣言を発し、一方、地方公共団体は、基本的対処方針に基づき、地域における対策を実施し、緊急事態宣言下では、住民らに対して外出の自粛や施設の使用制限などの要請をすることができる。そして、両者間、さらには地方公共団体間では、情報の相互提供、助言勧告と意見の申出など連携を図ることとされている（三条、一八条、三二条、四五条ほか）。

そもそも地方公共団体は、財産の管理、事務の処理、行政の執行の権能のほか、条例制定権を有することが憲法で定められている（九四条）。地方自治法は、その役割として、住民の福祉の増進を図るために、地域における行政を自主的かつ総合的に実施することとし（一条の二）、国との役割分担については、住民に身近な行政はできるだけ自ら担うことを基本とし、国の関与については、目的を達成するために必要最小限度に留め、その自主性および自律性に配慮しなければならないと定めている（二四五条の二、三）。最高裁も、条例の効力に関して、法令が、普通地方公共団体において、地方の実情に応じて、別段の規制を施すことを容認する趣旨であるときは、条例との間に矛盾抵触はない旨判示する（最大判昭五〇・九・一〇）。

くしくも、国と地方公共団体の間で権限のあり方をめぐって争われている。総務大臣が泉佐野市をふるさと納税の対象自治体から除外したことについて、国の公権力の行使に対する不服を扱う国地方係争処理委員会の審査に委ねられた。委員会は総務大臣に必要な措置を勧告したが、これに対して高等裁判所は国側に軍配を上げた。たしかに、市の過去の返礼の運用はふるさと納税の趣旨を逸脱し、一方、事後の審査基準によって除外対象とする国の関与のあり方は地方自治の本旨を揺るがすとのいずれの批判も頷ける。双方とも、教訓を得るべきであろう。全国的視野から対策を講じる国と、地域の実情に視点を置く地方との間で食い違いが生じるのは避けがたい。要は、情報交換などの連携を密にし、食い違いが生じたときには徹底して意見交換を図ることである。

権限の分配と役割の分担をめぐる問題は、会社においても生じ得る。親会社と子会社、現場と中央、さらには会社と受託先との間など。そこでは、現場側の自主性をできる限り尊重し、委譲側には現場に寄り添い、高い視点から見守ることが求められる。その基礎には、相互の信頼がなければならず、それを確保するために、日ごろから意思の疎通を図り、確執を調整するための手続をあらかじめ担保しておくことが必要である。

企業統治二年

（「金融・商事判例『金融商事の目』」より掲載）

——監督〔1025号（平成9年10月1日）掲載〕

最近、巷を賑わせるものは、企業の不祥事と倒産、それに行政改革。企業の不祥事に関して、企業統治、監査役の監査権限の強化等が叫ばれ、行政改革については、監督官庁の監督についてとかくの批判がある。これらについては、論争の冷却をまつとして、さて、倒産に関しても、監督のあり方が問題にされることがある。

たとえば、株式会社の再建の法的手段の一つに商法上の会社整理がある。この制度は、そもそも私的整理に法的整備を加えたものであるが、その監督は裁判所に属すると定められている。裁判所の監督によって手続の公正を確保するとともに、債権債務の集団的調整を主眼として裁判所に各種の法的措置を執りうる権限を付与し、もって整理の成立を容易ならしめるというわけである。が、この会社整理の制度が、あまり利用されていない。会社の再建の多くが相変わらず私的整理に委ねられているのである。わが国民性がいかに情緒的解決に慣れ親しんでいるとはいえ、倒産という異常事態にあっては、法による解決が最も妥当するといわれているにもかかわらずである。その原因については制度に内在するものを含めいくつか指摘されているが、再建型倒産手続、ことに会社整理に関して、その原因の一として、裁判所の介入が過剰であるとか、手続が厳しいといわれることがある。

私的整理の利点は、迅速さ、簡易さ、密行性などにあるといわれるが、一方、公平・公正の担保と履行の確保の点では裁判所の関与する法的手段の優ることは一致しているところである。したがって、債権者と債務者が公平・公正を担保しながら自治的に再建のための手続を遂行する限りにおいては容喙するところではない。しかし、自治的再建を担う任意の機関（債務者代理人・債権者委員会）がその役割を果たしえないときには、少なくとも裁判所が代替しうるように機能しなければならないし、さらには、債権者による強制執行の中立等に対する抑止力に止まらない役割をも担うものでありたい。ましてや、公平・公正を犠牲にしてまでも、あるいは法の規制を回避するために私的整理に逃避するとすれば、たとえそれが運用ではなく法律そのものに起因するものであっても、法を担う側から厳しい反省があってしかるべきであろう。一方、時間と経費を節減することはもとより、それを実現するためにも裁判所の監督のあり方についても真剣に考えていく必要がある。たとえば、会社の破綻が経営に起因する以上、その経営のあり方を抜きにして再建はありえないことはいうまでもないが、その破綻原因や置かれている状況次第によっては、会社のいわば基本的権利に関わる部分については、いいかえれば、裁判所に紛争解決機能が要求される場面の外では、裁判所は、果断に後陣に退くことを考えてもよいのではないか。債権者の犠牲の上の法的手段であるから、債務が完済されるのを見届けるのも確かに裁判所の責務であろうが、さてそこまで当事者の自治能力に懐疑的でなければならないのであろうか。情報の開示などの再建のための環境の整備に指導力を発揮し、後は債権者に委ねることはならないものか。

介入と自治のバランス、それはなかなか難しいものである。もちろん、監督の遂行はその機関の信頼性にかかっている。弾力性と迅速性の要請される非訟手続がその主宰者としての裁判官の責務を加重するものであることはつとに指摘されているところでもある。法制度が間尺に合わないとの誇りを受けないように心してあるべき監督とは何かを問い続けたい。

人間のする事で、その度を超せば、善もなければ悪もない（ラ・ロシュフコー・箴言と考察）。

〔1019号（平成9年7月1日）掲載〕

――ふりかえって、商法改正

この度ストック・オプション制度を導入する商法の改正がされ、やがて株主代表訴訟制度が改正されるとも聞く。

顧みると、商法等の一部を改正する法律、（平成五年法律第六二号）は、同年一〇月一日から施行され、商法及び有限会社法の一部を改正する法律（平成六年法律第六六号）は、翌年一〇月一日から施行された。ここにこれらの法律の提案理由がある。「会社をめぐる最近の社会経済情勢等にかんがみ、株主による会社の業務執行に対する監督是正機能をより強固にするため、代表訴訟の遂行に伴う株主の負担を軽減するとともに株主の会計帳簿等の閲覧謄写権の持株要件を緩和し、監査役制度の実効性を高めるため、監査役の任期を伸長するとともに大会社について監査役を増員して監査役会の制度を設けることと……する等の必要がある」（平成五年改正商法）。法律の立案担当者によれば、右の理由中の「会社をめぐる最近の社会経済情勢等」とは、直接的には平成三年以降の会社不祥事をいい、間接的には日米構造問題協議や従前からの会社法改正の論議をいう（前法務省民事局参事官吉戒修一著『平成五年・六年改正商法』、五八頁）。さて、会社不祥事は根絶されたのであろうか、株主による監督是正機能や株式会社の監査機能は、真実作動しているのであろうか。

一方、平成六年改正商法は、自己株式及び自己持分の取得規制を緩和するものであるが、その改正理由は、「会社制度をめぐる最近の社会経済情勢及び会社の業務の運営の実態にかんがみ、自己株式又は自己持分の取得に係る制度をより合理的なものとするため、使用人に譲渡するための自己株式の取得及び株主総会又は社員総会の決議に基づく自己株式又は自己持分の消却をすることができることとする……等の必要がある」と述べる。右の理由中の「会社制度をめぐる最近の社会経済情勢」とは、いわゆるバブル経済の破綻後の株式の需給状況等を指し、「会社の業務の運営の実態」とは従業員持株制度の運営の実態及びいわゆる閉鎖会社の株式の流通状況を指す（同三六一頁）。法制審議会商法部会は、平成四年四月、自己株式の取得及び保有に関する商法上の規制の見直しについて審議することとし、それを受けて法務省民事局参事官室は、平成五年一月「自己株式の取得及び保有規制に関する問題点」を関係各界に提示した。そこでは、自己株式の取得の規制緩和について、株主への利益還元の充実、従業員持株制度の運営の円滑化、ストック・オプション制度の利用、余剰資金のより適切な運用等の必要性について意見が求められ、ほかに証券取引上のディスクロージャー規制及びインサイダー取引規制等についても検討を要することが付記されている。法制審議会商法部会は、諸外国の立法の動向、自己株式の取得及び保有規制の必要性、その緩和の方策、資本充実の毀損やインサイダー取引の助長等の弊害について検討を重ねた結果、そのうちストック・オプション制度の利用を除き手当てがされたわけであるが、ストック・オプション制度については、今後わが国において会社経営者に対し現行の役員報酬以外にストック・オプションというインセンティブを与えることについて、具体的なニーズや社会的コンセンサスを探る必要があるとされていた。さて、前法の施行以来社会経済情勢はいかに変化したのであろうか、各界から指摘されていた多くの検討事項は克服されたのであろうか。

さても「法律に生命を与えることに関するたくさんの問題がある」（ベーコン・学問の発達）。

——過料

〔1038号（平成10年4月1日）掲載〕

◆「自動車会社に罰金」という記事があったが、これは過料のことである。道路運送車両法一一二条一項三号に、運輸大臣に対し改善措置の届出をしなかった者は二〇万円以下の過料に処すると規定されているのが、それである。

◆現行法上、法令違反につき過料に処すると定める例は、はなはだ多い。その中には、懲戒罰として科するもの、執行罰として科するものもあるが、国や地方公共団体がその秩序を維持するために命じた義務の違反に対する制裁としての秩序罰として科するものがもっとも多く、「自動車会社に罰金」も、これに該る。

◆この秩序罰としての過料に商法や有限会社法の違反に対するものがある。たとえば、商法は、二九の行為を掲げて一〇〇万円以下の過料に処すると定めている（四九八条）。その過料に処せられる者は、取締役、監査役、清算人、支配人らである。違反事項で多いのは、登記義務違反で、法律の定める一定期間内に所定の登記をしなかった場合である。商法には、会社の設立、支店の設置、本店の移転、設立登記事項の変更、解散、合併、組織変更、清算等の各種登記事項が定められ、それぞれに登記期間が、たとえば会社の登記は、本店所在地では二週間、支店所在地では三週間というように規定されている。この期間がなかなか遵守されない。また、取締役らの選任義務違反も多い。法律又は定款に定められた取締役や監査役が欠けたにもかかわらず、その選任を怠った場合のことである。

過料は、非訟事件手続法の規定に従い科せられる。裁判所は、登記官らから通報を受けたときは、通常、当事者の意見を聴く手続を省略して直ちに裁判をする。当事者は、この略式の裁判に対し異議の申立をすることができ、異議の申立があったときは、裁判所は、改めて当事者の陳述を聴いた上で裁判をする。

この手続に従い裁判所に持ち込まれる過料の事件は少なくなく、裁判官や書記官に対する負担も決して軽くはない。東京地方裁判所において受理した事件は、昨年は一万件を下回ったものの、その前五年間は優に一万件を超え、多いときは一万八〇〇〇件にも及んでいる。この大量の事件を処理する上において、最も気に病むのは、事件相互間に不公平があってはならないことである。が、さりとて個別の事情も無視するわけにもいかない。実務では、公平さの担保のために、一定の基準が定められ、その基準に拠りがたい特別の事情があるときは、個別に適切な措置が執られることになる。過料を科するには、義務を怠ったことにつき故意又は過失がなければならない。法律を知らなかったでは許されないが、秩序を維持しなかったことに正当な理由があるときは、過料を免れるといわれているが、この判断が、実に難しい。過失が認められた例として、総会の決議内容を誤解して登記の必要がないと考えて申請をしなかったとき、手続の委託を受けた者の都合により申請が遅延したとき、登記申請却下につき抗告をせずに登記をしなかったときなどが挙げられている。実務上、異議の事由で多いのは、代表取締役に名義を貸していたとか冒用されたというもの、病気入院のためとか会社の破綻により手続ができなかったというもの、司法書士や税理士に任せていたというものであるが、さて、いかがなものであろう。

◆過料の裁判を通して、我が国の中小、零細の会社の内部の事情とその規範意識が垣間見えるが、暗澹たる思いもする。

「小事をおろそかにするなかれ」（フランスの古諺）

〈1031号（平成10年1月1日）掲載〉

――一九九七年の帳尻

新しい年の最初のページに一年を振り返ってみるのも悪くはあるまい。

東京地方裁判所民事第八部は、通称商事部といわれ、扱う事件に応じて三つの係に分かれる。一つは、弁論係。会社や各種団体に関する訴訟事件とこれを本案とする保全事件を扱う。二つは、非訟係。仮取締役の選任、総会招集許可等の商事非訟事件に宗教法人解散命令等の民事非訟事件、そのほか会社の登記懈怠等に対する過料事件等を扱う。そして、会社更生事件及び会社整理事件を扱う更生係。それぞれの係から昨年のトピックを挙げてもらった。

◆株主代表訴訟は、いま。

弁論係からは、もちろん株主代表訴訟。平成七年と八年は二二件を受理したが、昨年は一一月現在で三五件。平成五年の商法改正により、事件数が増加したといわれる。たしかに、平成四年は五件にすぎなかったが、五年が一八件、六年が三七件である。ただ、却下と取下げの件数を合わせると、平成四年は一件であったが、五年が八件、六年は何と二四件に上り、その後七件、四件と続き、昨年は七件で、濫用的訴訟もやや落ち着いてきたのではなかろうか。昨年は、上場企業の不祥事を機縁とする提起が目立った。しかし、報道からは隠れているが、主流は、あいかわらず内紛型といわれるもの。たとえば、中小会社における同族間の相続や株式の帰属をめぐる争いである。また、株主代表訴訟の提起に伴う担保の申立も多くなっている。昨年は一一月現在で九件。その審理が被担保債権の存否に傾斜して本案化することを省みて、新たな審理の方法が模索されている。

◆特別清算を知っていますか。

非訟係からは、大規模な特別清算事件。ここ数年特別清算の事件数の増加が目立っている。バブル時代の後遺症である不良債権の償却のためとか、あるいは倒産事件を扱う弁護士の間に特別清算制度に対する理解が深まったことによるともいわれる。特別清算とは、解散した株式会社に債務超過の疑いなどの事由があるときに清算をする手続で倒産処理の一方法であるが、特別清算にはもう一つの顔がある。税務対策型といわれるもので、親会社が債務超過の子会社を整理する場合に利用されるものである。かつては、税務対策型が主流で、たとえば、平成八年でいえば、七三件のうち四五件（六二％）が税務対策型であったが、昨年は、四五件中の三〇件（六七％）が本来の倒産処理型であった。しかも、昨年は、負債総額が一〇〇〇億円を超えるノンバンクなどの大規模な倒産処理に利用され、債権譲渡の対抗要件等の扱いをめぐって困難な問題が提起された。

◆建設業と証券業は、経済誌の華？

更生係からは、上場企業の会社更生の申立。第一部上場企業の会社更生事件は、平成八年までの係属件数は僅かに三件であったが、昨年は、一月の持帰り鮨会社に始まり一一月の証券会社まで、実に五件に上る。なかでも、総合建設業と証券業は、経済誌を賑わせた。かつて、信用を基盤とする企業はその代替性からみても会社更生手続には馴染まないとする意見があった。この意見に従えば、受注を信用に支えられる総合建設業、顧客を営業マンとの信頼関係で繋ぎ止める証券業は、会社更生が難しいということになる。業界の抱える構造的な問題や市況への影響.など共通の難しさもある。が、多数の従業員を擁し、傘下に数多くの下請業者や一〇万人単位の顧客を抱える事実を無視することもできない。仕掛工事や継続取引の続行もある。司法としても現行法に与えられた限りの方策は尽くさなければならない。行政との協働を含め司法が何をなしうるか厳しく自問する。

◆「儂は一日一日と儲けを積んで行くことはなく、どうやらかうやら一年の終りまで漕ぎつけさえすりゃいいのです」（ラ・フォンテーヌ寓話）。

本年も佳き年でありますように。

――企業統治二年

〔1507号（平成29年1月15日）掲載〕

新年を迎えて企業統治二年を振り返ってみたい。平成二七年五月に改正会社法が施行され、取締役会の監督機能の強化や監査等委員会の設置などのガバナンスの強化が図られた。同年六月には、上場会社にコーポレートガバナンス・コードが適用され、さらに、日本再興戦略二〇一六が閣議決定されてコーポレートガバナンスの強化が掲げられた。

しかしながら、海外の投資家らからは我が国の企業統治改革の成果に今なお疑問符が付けられている。

取締役会について、その構成において、知識・経験・能力をバランスよく備え、多様性と適正規模を両立させるように配慮し（コード原則四―一一）、その運営においては、自由闊達で建設的な議論・意見交換を尊ぶ気風の醸成に努めるべきであるとする（同四―一二）。そのために、審議時間の確保や資料の事前配布が求められているが、これらは最小限のものというべきで、審議事項の絞り込みと審議の活性化のために一層の工夫が求められよう。何よりも、取締役の意識改革こそ重要で、経営理念等の積極的な発信と戦略的な方向付けの見える化を果たし、それによって企業風土自体をおおらかで風通しの良いものにすることが望まれる。その担保のためにも、取締役会評価が徹底されなければならない。

社外取締役を見てみよう。市場第一部では九〇%を超える会社が独立社外取締役を選任し、監査等委員会設置会社には一八%が移行しているという。その形式や良しというわけである。独立社外取締役は、その役割において、「自らの知見に基づき」「経営陣・支配株主から独立した立場で、少数株主をはじめとするステークホルダーの意見を取締役会に適切に反映させ」(同四―七)、その関与において、「取締役会における率直・活発で建設的な検討への貢献」がされなければならない(同四―九)。その例示として、独立社外取締役のみを構成員とする会合を定期的に開催したり、会社に対して追加の情報の提供を求めるなど、すべきことは多いが、未だ道半ばである。

株主の権利・平等性の確保についてみても、その権利行使の確保に課題や懸念が生じやすい面があると指摘されているにもかかわらず(同補充原則一―一③)、経営の安定の名の下に少数株主の権利の確保が疎かにされていると疑われる事例が見られるのは心配である。経営陣・取締役会の保身を目的とするものであってはならないことはいうまでもないが、スチュワードシップ・コードにもあるように、株主との間で、「目的を持った対話」が推進され、それが真実実行されているか監視されなければならない。

内部通報制度は、「株主以外のステークホルダーとの適切な協働」を目的として、体制整備を行うべきである（コード原則二―五）。我が国の精神土壌とそれに根ざした企業文化からすると、経営陣から独立した通報窓口の設置をするだけでは不足であり、その趣旨があまねく受け入れられるように平常からその意義を説き続けるとともに、通報者が人事上の不利益を受けない仕組みを整備するなど通報者保護の施策を見える形で推進し、さらに、海外展開の場合には地域事情に配慮した対応も迫られよう。

コーポレートガバナンスの改革の取組は、日本再興戦略二〇一六や金融行政方針（平成二七年九月一八日）が謳うように、「形式」から「実質」へ深化させなければならない。そのためには、自社に適合した工夫を求めて自律的な対応を図ることが肝要である。そして、司法も、経営判断の適否や大規模買付ルールの設定の是非などについて判断するにあたり、説明責任を含む適正手続の履行などを厳しく問うべきであり、ガバナンスを巡る新しい動きに鈍感であってはならない。

――株主代表訴訟の覚悟　（１５４７号（平成30年8月15日）掲載）

◈裁判には見えない部分がある。裁判官が拘束されるものは、憲法および法律のみと憲法に定められているが、さらに判例を加えるとしても、それだけではない。裁判例の積み重ねによる慣行的な取り扱いにも事実上縛られることがある。これらは、裁判官の良心の中にこっそり潜んでいるので厄介である。そのうえ、拘束される法律や判例ですら、裁判をする時点では過去のものとなり、時代感覚とずれもあり、その本来の趣旨が忘れ去られることもある。しかも、専門訴訟では、狭い分野で尖った局面で争われることが多く、それだけに裁判官の心理において事件を類型化する傾向もなくはない。

◆株主代表訴訟についてみると、昭和二五年の商法改正によって米国の制度を採り入れたもので、経営陣の不適切な業務運営による損害を回復し、あるいはその任務懈怠を抑制させ、もって適正な会社運営を確保するとともに、会社あるいは株主の利益を保護するものである。平成五年の商法改正では、財産権上の請求でない請求として手数料は低額に抑えられた。会社法では、責任追及等の訴えに名を変えて整備され、さらに多重代表訴訟の制度も採用された。

しかしながら、株主代表訴訟は、残念なことに、本来の趣旨のとおりに活用されているとはいえなかった。一株主が自らの利益のために会社を困惑させる目的で、あるいは何らかの運動の一環として広く世に警鐘を鳴らそうとし、さらには売名行為の手段として提訴したのではないかと疑われるものもあった。これらの訴えは、準備を尽くさないままに提起され、情報の格差があるとはいえ、証拠の探索的申出が繰り返されることもあった。このような訴えに対しては、担保提供命令制度によって対処したものであるが、担保提供の申立てにおいて疎明によって悪意を認定することは必ずしも容易ではなく、さらに、この制度が訴権を封じかねないことに悩む事態に何度も直面したものである（拙稿「株主代表訴訟における担保の申立の審理」民訴雑誌四四号四八頁（一九九八年））。今日でも、不祥事を契機に会社自体を訴えずに役員を訴える事例に加えて、従業員の過労自殺によって遺族が会社と共に役員らを提訴し、あるいは委託先の情報流出や詐欺被害による損害の回復を求めるものも現われている。株主による責任追及制度に経済界ではまだまだ警戒感が消えない。

◈一方、株主アクティビストらによる提訴の中には、会社経営の健全化を目指す真摯な訴えも認められる。資金繰りの怪しい会社に多額の融資を行い、あるいは本来の事業目的とは異なる投機的取引を重ねる経営判断に対して、正しい手続が踏まれたか、第三者の専門的意見が求められたか、そのほか誠実に業務執行の決定がされたかどうかを厳しく問いかけている。提訴件数はそれほど多くはないようであるが、ショック療法に留まらず、企業運営に適度の緊張感を生むなど相応の役割を果たしていると思われる。たしかに、アクティビストの活動には、たとえば、株主提案権の行使についてみても、個人的な目的や会社を困惑させる目的で些末な事柄を取り上げたり、あるいは多数の議案を提案するなどの濫用事例も目立つ。

◈しかし、かつての不幸な事例や負の事象だけに捕われてはなるまい。ガバナンスの確保や経営の適正化への働きにも照射して積極的に迎え入れたいものである。株主の誠実義務は、責任追及訴訟にも活かされなければならない。また、訴訟の遂行は、信義に従い誠実に行われなければならない（民事訴訟法二条）。そして、裁判所にあっては、当事者の言い分によく耳を傾けることによって、過去の不幸な提訴事例による呪縛を解いて、時代の求めるものを的確に把握して、適切に説明責任を果たすべきである。健全な司法環境は、法曹の責務であり、国民の責務でもある。
新しい酒を古い革袋に盛ることには注意したい。

第四部
裁判官
フランスを歩く

ルーベンスの家

フランス語がレジスタンス

（「法曹」まえがき掲載）

脱宗教性、ロマ人、フラワー・マタンゴ
――la laïcité, les Roms, Flower Matangod

〔第724号（平成23年2月号）掲載〕

◆欧州の寒波はすさまじいようですが、お元気ですか。二〇一〇年のフランスを我が国の新聞各紙などから振り返ってみますと、まるで閉塞性で括られるようですが、異国ではどのようにご覧になりましたか。

◆まずは、一〇月一一日に成立した「公共の場において顔を隠すことを禁止する法律」。公共の空間で顔を隠す服装をすることを禁止し、違反した場合には第二級違警罪の罰金を科し、場合によっては市民教育を受ける義務も課すというもの。刑法では、性別を理由に顔を覆い隠すよう強制する行為につき、一年の拘禁及び三万ユーロの罰金に処すことが定められました。ブルカ着用の禁止が、表現や信教の自由に抵触するとか、政教分離原則に反するとの意見もありますが、憲法院は、人権宣言四条

及び一九四六年憲法前文を引いて、顔を隠す行為が公的安全にとって危険であり、顔を覆い隠す女性が排除かつ劣位の位置に置かれることをもって自由平等の原則とは相容れないとして合憲と判断しました。また、法務大臣は、脱宗教性la laïcitéに触れ、民族・文化・政治を超えた共生を強調したとか。
◆上下院とも反対一の圧倒的多数で成立した事実は、何を物語るのでしょうか。イスラム人口が五五〇万人でブルカ着用女性が二〇〇〇人にも満たないという事実だけが理由なのでしょうか。ライシテは、フランス革命から出発し、一九〇五年の政教分離法、一九四六年憲法を経て、二〇〇四年の宗教的標章禁止法（いわゆるスカーフ禁止法）、そしてブルカ禁止法に至るわけですが、宗教的文化的多様性の問題は、未だ解決されていないとも言われていますね（ジャン・ボベロ「フランスにおける脱宗教性の歴史」）。
◈次は、ロマ人les Romsの強制退去。大統領は、七月二八日、不法滞在するロマ人を国外退去させ、全国に約六〇〇あるキャンプの半数を三か月以内に強制撤去するように治安当局に命じました。発端は、同月一七日に発生した移動生活者による警察署や商店への襲撃にありましたが、さかのぼれば、〇七年のルーマニアやブルガリアの欧州連合加盟によってロマ人の流入が加速し、その一部が犯罪にかかわるなど社会問題化していたことがあるとか。欧州委員会は、いったん、欧州市民の域内移動の自由と民族・人種による差別禁止を定めたEU法に違反している疑いがあるとして、法的措置を警告しましたが、その後、フランス政府がEU法に沿って国内法を改正する意向を示したことを受けて、当面、法的措置を採らない方針を決めました。この施策をめぐっては、失業率が一〇％を超えるフランスにロマ人を養うゆとりがないという率直な意見もあるようですが、背景に一二年の大統領選挙があるとの見方が一般的です。

◆一九九三年来の移民法の改正から、〇七年の移民・国家アイデンティティ省の創設、フランス国民の同一性の議論へと続いた一連の移民の規制や同化政策と関連づけたり、自由、平等、博愛の共和国精神に反するとの意見もあるようですが、ロマ人の違法キャンプの取り壊しへの支持が七九％に上るという事実は、閉塞感だけでしょうか。

◈三つ目は「ムラカミ・ベルサイユ」。九月から一二月までベルサイユ宮殿で開かれた村上隆の個展です。庭園には高さ六メートルの黄金の「オーバル・ブッダ」、ヘラクレスの間にはファイバーグラス製の「とんがりくん」、鏡の回廊には「フラワー・マタンゴ Flower Matangod」のオブジェなど合計二二点が展示。開催に当たって、フランスの保守勢力などが歴史遺産を侮辱するものとしてデモを呼びかけ、一部のメディアからは宮殿の古い空間には合わないと批判され、来館者の中には異質な物への嫌忌感を示す者もありました。主催者側は、ベルサイユ宮が常に同時代の創造的な芸術家に開かれてきたとして、反対の動きには外国人排斥の悪臭が漂うとも述べたといいます。

◆異文化への拒否反応がフランス社会を覆いつつあるとか、景気の低迷で雇用を脅かされる国民の不満が外国人に向かうというのはあまりにステレオタイプでしょう。日本のマンガの一二〇〇以上の作品が仏訳され、一一年目を迎えたジャパン・エキスポがなお盛況である事実、折しも外務省の管轄下に「フランス学院」を設立して、フランス語教育や文化紹介に力を入れようとしている事実の方こそ信じたいのですが。

◆内なる閉塞感を加えれば、ファミリー・バイオレンス。七月九日法は、カップル間の暴力に対して被害者保護命令を創設し、配偶者間の暴力がある家庭の子を守る取組を設け、精神的暴力を軽罪として処罰するなどを定めました。

◆そういえば、二〇一〇年はカミュ没後五〇年でしたね。「同じ人間の血」を信じ、二〇一一年が内外ともに開かれた社会であってほしいですね。

（平成22年12月31日脱稿）

〔第728号（平成23年6月号）掲載〕

裁判官の反乱がフランス全土に
——La fronde des juges gagne toute la France

◆裁判官の反乱がフランス全土に及んでいるLa fronde des juges gagne toute la France（二月九日付ルモンド）。

二月一〇日にナント市で判事、弁護士、警察官、矯正職員ら二〇〇〇人がストライキを決行し、全国一七〇の裁判所で業務が停止された。端緒は、一月にナント市近郊で発生した一八歳の女性に対する強姦致死事件で、容疑者が一年前に出所したばかりの保護観察中の前科一三犯の累犯者で遵守事項も守っていなかったというもの。大統領は、二月三日、本格的捜査が始まる前に、累犯者の監督を怠った警察と司法に責任une fauteがあり、処罰されなければならないと非難した。これを司法介入として、ナントの裁判所は、すべての公判を停止して抗議し、司法官職組合は、緊急案件以外の全公判の延期を決めてストライキ突入を宣言したというわけである。一四日になってやっと、捜査結果の公表後に公判廷が再開されることが表明された。昨年の九月にも、累犯者が嫌疑不十分として釈放された事件につき、大統領は不快感を表明したことがあり、大統領の司法に対する懐疑は根深いようである。

「司法官殿　あなた方は国民の正義の代表者です。あなた方の行動の方法に対して批判の声が沸き起こっているのにいかなる権利に基づいて反乱を起こすのですか。あなた方による仮釈放の決定によって自分の子どもが非道にも殺害されて切り刻まれた場合にいかに対処されるのか教えていただきたい。今一度、あなた方の立場を顧みて、私たちが正しくお与えした権限以上のものをあなた方は持つものではないという事実を忘れないでください」。事件後の投稿である（二月一八日号フィガロ）。司法官のストライキ権の存否については、意見が割れる。

◈勾留に関する新法について、破棄院大法廷は、四月一五日、直ちに施行されるべきであるとの判決を下した。対象の四つの事件は、勾留された被疑者が弁護士と接見する前に、警察の取り調べを受け、あるいは調書について告げられていなかったとか、自白した後になって弁護士に会うことが許されたというものである。新法は、勾留中の被疑者に弁護士の立会いと黙秘権を保障するもので、一九九三年法、二〇〇〇年法、二〇〇四年法の改正を経て、四月一四日の公布によって六月一日に施行されることとなっていた。

その背景には、欧州人権裁判所が、すでに昨年一〇月一四日に、フランスの勾留制度が公正手続に反するとして有罪判決を下していた事情がある。憲法院も、昨年七月三〇日に、憲法適合性の先決問題として、取調べの過程で弁護士の立会いを予定しない勾留に関する規定が基本的自由の尊重を保障しないもので憲法に適合しないとした上、法律の修正を議会に委ねるために違憲の宣言を今年の七月一日まで延期し、破棄院刑事部も、一〇月一九日に、三件の判決において、憲法院と同旨の判断を示したうえ、「司法の安全保障 sécurité juridique」という理由を掲げて、七月一日まで違憲の判断を猶予することとした。

破棄院大法廷判決は、「人権と基本的自由の保障に関する条約に加盟する国は、欧州人権裁判所に訴えられることも、自国の法制度を修正することも待たずに、同裁判所の決定を尊重すべき義務がある。」と述べ、公正な手続への当事者権を奪うために「司法の安全保障」や「裁判の適切な管理運営 nécessités d'une bonne administration de la justice」を持ち出すことは許されないと判断した。破棄院大法廷は、九週間にわたる違憲状態に対し法施行までの六週間を待てずに、まさにしびれをきらしたというわけである。

◆追って、憲法院は、一月二八日、同性の婚姻の問題を立法府に付託する旨の決定をした。通常の家族生活を送ることを保障する憲法上の権利を根拠に、女性同士の婚姻を求めた訴えにおいて、先決問題として、民法七五条と一四四条が同性間の婚姻を想定していないことについて憲法適合性を認める判断をした上、憲法は、同性間の婚姻を強いているわけではないが、禁止してもいないとした。すでに、破棄院は、〇七年に、男性同士の婚姻届の受理が撤回されたことに対して取り消しを求めた事件で、憲法適合性を示し、憲法院も、昨年一〇月六日に、同性間婚姻制度の採用について立法府に付託していたので、予想された結論といえよう。

◈司法の大惨事と言われたウトロ事件から一〇年。フランス司法は、なお静けさを取り戻せないでいるというのは、言い過ぎだろうか。

安価売却物件　裁判所
――Tribunaux à vendre, pas cher

〈第732号（平成23年10月号）掲載〉

◈フランスメディアも大わらわである。まずは、欧州経済。「ユーロの危機」「財政懸念　国債揺らす」「独仏首脳　ユーロ経済政府を提唱」と、ギリシャの財政危機に端を発した信用不安の域内での拡がりを前にして、EUもいよいよ正念場である。ユーロ導入については、当初から厳しい目が注がれていたが、同様に、欧州統合に潜む課題に国籍問題がある。マーストリヒト条約に「ヨーロッパ人：EU加盟国の国籍を有する者」と定めながら、国籍の取得要件が国によってまちまちなのである。フランスにおける帰化について、「年間一三万人、これは多すぎる」と驚くのは、国籍取得の権利に関する調査委員会の議員であるが、国籍に関する新たな提言が大統領宛てに出されるという(六月一八日号フィガロ)。

◆法律に関わる分野では、何といってもＤＳＫ事件であろう。フランス国民にとって国際通貨基金専務理事よりも社会党の有力議員であり次期大統領候補としてお馴染みのドミニク・ストラス＝カーン、その逮捕でフランスに衝撃が走った。アメリカ司法とフランス司法の違いばかりが強調され、とりわけアメリカメディアの取り上げ方に苛立ちを隠しきれない(七月九日付ルモンド)。ＤＳＫ現象として、司法のみならず、女性問題の観点からも議論されてきたが、さて、八月二三日の訴追取下げで、フランスメディアも鎮静するのだろうか。次は、奴隷制を人道に反する罪とする法律。その制定から一〇年目を迎え、奴隷制の犠牲者の追悼記念日の五月一〇日、サルコジ大統領は、海外領土でかつてフランスが行った黒人売買について、ホロコーストと同様、忘れてはならない過去であり、いずれも普遍的な教訓を含んでいると演説した(同日付ルモンド)。

◆刑事司法の面では、勾留に関する新法が施行される七月一日を前にして、勾留制度の改革が再び取り上げられた。パリ控訴院検事長は、会見で、弁護士の付き添いを求める新法について、弁護権を尊重するものと評価し、検察官の独立性について、「法と慣例にのみ従う」と答えるとともに、検察官の任命が司法官職高等会議に委ねられるようになったことを指摘し、予審制度の廃止に関して、「捜査の監督を営む機能としても、検察官に対する制度保障としても必要」と答えた（五月一七日付ルモンド）。弁護士の付き添いのない勾留手続を無効とした破棄院大法廷の判決後、手続無効の申立てが多数予想されるとみられるが、一方、裁判官が、従前から弁護士の付かない勾留を法的に問題があると認識し、勾留段階の供述調書だけで判決を下すことを避けてきたことから、その影響は限られるであろうともみられている（七月二日付ルモンド）。そのほか、二〇〇六年のテロ対策法の制定に伴う刑訴法の改正による身分証の確認について、弁護士会がなお憲法適合性に異を唱えていることが報じられた（五月二四日付ルモンド）。

◈「安価売却物件　裁判所　Tribunaux à vendre, pas cher」の見出しには驚かされる。サロンに生まれ変わった法廷の写真を添えて、「裁判所の統廃合で閉鎖された裁判所建物がフランス全土の多くの市町村でたたき売り」と紹介する（八月二日付ルモンド）。不動産広告では、「売却物件　フォルバッシュ（モゼール県）ゲルマン様式市庁舎裁判所　一九世紀末築　最高立地　二四〇〇平米　即入居可能六二万ユーロ、アイヤンジュ（モゼール県）壮麗建物　樹木の小庭、鉄柵付　理想的環境　木枠組み地下一階・地上二階　居住面積六〇〇平米　四六万五〇〇〇ユーロ、バル・シュル・セーヌ（オーブ県）一九世紀壮麗石造建物　三角形ペディメント　列柱回廊　庭付き　床面積五〇〇平米　二〇万ユーロ」といった具合。売却物件の行末をみると、住居兼ギャラリー、結婚式場、ホテルなどなど。一方、小さな市町村では、資金面で買い手を見つけるのに苦戦といった実情である。裁判所廃止の歴史をたどると、すでに一九二六年に二〇〇の裁判所が閉鎖され、一九五八年には二九〇〇あった小審裁判所が五〇〇に減らされ、二〇〇七年に着手されたこのたびの改革では、二一の大審裁判所、一七八の小審裁判所、六二の労働審判所、五五の商事裁判所、八五の記録保存室が廃止された。さすがに司法省も歴史の風化を懸念したのか、廃止裁判所の記録化に着手したとか。

◆何はともあれ、司法のあり様に関して、国民の間で、大らかに語られるのは良いことである。

学校のいかさま　憂慮すべき拡がり
——L'inquiétant essor de la triche à l'école

〔第736号（平成24年2月号）掲載〕

◆バカロレアの試験問題が流出！

例年メディアを動かす国民的行事バカロレア。今年も、全体の平均点が二〇点中一〇点という生徒が現れたとか、合格率が過去最高の八五・六%を記録したとか、哲学の問題は「科学的仮説を証明することは可能か」だった、などなど報道の過熱ぶりは相変わらずである。しかし、今年の注目は、何といっても、その不正にあった。自然科学系数学の問題が試験前日にインターネットに流出したのである。

◆バカロレアは、中等教育修了認定証であるとともに、大学入学資格が与えられるもので、通称バックと呼ばれるフランスの国家試験である。その起源は、中世大学にさかのぼり、革命後にいったん廃止されたものの、ナポレオンによって一八〇八年に導入された。当初は、主に大学や専門高等教育機関を志望する者を対象とする普通バカロレアであったが、その後、職業人の養成を目的とする技術バカロレアと職業バカロレアが加わり、今日に至っている。筆記と口述の試験から成り、筆記試験では、四時間に及ぶ科目もある。現在の合格目標値は各世代の八割とされ、今やバカロレアは、少年期から青年期への通過儀礼であり、神話と化していると言われる（大場淳「フランスのバカロレアと高等教育の質保証に関する一考察」）。

◈さて、試験の不正であるが、今に始まったことではないらしい。すでに一四世紀の初め、大学の学位が売り買いされ、さらに用務員を買収する手口で卒業証書を取得する事件もあったという。「学校のいかさま　憂慮すべき拡がり」L'inquiétant essor de la triche à l'école と題する特集記事（一〇月八日号フィガロ）によると、二〇〇六年の社会学者の調査によれば、七〇・五％の生徒が不正を働いたと告白したというから驚きである。中学校で四八・三％、高校で三三・六％、大学で一一・四％という。コピペに至っては、〇七年調査で、大学や技術専門学校で七九・七％に上るという。バカロレアの不正疑惑は、〇八年以降一八七、二一九、二七二件と年々増加している。受験生六〇万人中〇・〇四％にすぎないとはいえ、携帯電話の持込み禁止、監督員の増員、制裁の強化にもかかわらずである。さらに、携帯電話の使用による不正は、たとえばイル・ド・フランス県で二〇〇八年に六〇件であったが、二〇一〇年には一一六件とほぼ倍増している。困ったことに、ネット社会では、いかさまは、タブーでも恥ずべきことでもなく、奏功すれば有能ともてはやされるというから始末に悪い。一方、二人に一人しか合格しなかった時代であればともかく、今年の合格率ならば、もはや選別機能も期待できず大学生になる意味しかないのに、何たる無駄かとして、制度自体を疑問視する投書もある（八月二七日号フィガロ）。

◆そういえば、明るい不正騒ぎもあった。ザ・カンニング［IQ＝0］、一九八〇年のフランス映画である。原題は、ずばり「落ちこぼれだってバックに合格」。バカロレアに合格しない生徒が合格率ゼロに焦る学校当局に対して次から次へと繰り出す授業妨害、ついには爆弾騒ぎに。爆弾犯の嫌疑で起訴された生徒たちに対して司法取引でバカロレア合格が課せられることになる。そこで、生徒はあの手この手の不正を試みるという次第。その手口たるや洋服やヘアバンドへの書き込み、靴底にカンニングペーパー、受信装置の駆使等々。その結末は……。映画は、生徒にくじ引きによる選抜制を提案させたり、一〇年後には劣等生であっても一廉の成功を収めているといった皮肉も忘れない。しかし、試験にいかさまがつきものでは困る。現実の不正を映画のように笑い飛ばせるか。

◆先の特集記事は、いかさまは、道徳的破綻社会の兆候であり、精神と経済との間のフランス社会における矛盾体質を明るみに出すものであると述べ、「豊かな現代社会の癌のように、不正は社会の各層を侵食している」と結ぶ。「人間は、自分自身に幻想を抱く運命にあるのか」（人文科学系）、「文化は人間を変質させるのか」（自然科学系）、「自由は平等に脅かされるか」（社会科学系）という今年の哲学の問題に頭をひねりながら、「不正」についても真剣に考えてみたい。
〈平成23年12月30日脱稿〉

人生は楽しいばかりじゃない、それでも……
――L'existence n'est certes pas gaie, mais il nous reste l'humour....

〈第７４０号（平成24年６月号）掲載〉

◆ロベール・ドアノー Robert Doisneau 生誕一〇〇年を記念して世界各地で写真展などが催されている。フィガロ誌は、「未発表のドアノー」と題する特集を組み、我が国では「生誕一〇〇年記念写真展」（東京都写真美術館）が開催された。

◆「パリ郊外～城壁の外側」、「冬の時代」、「郊外の休日」、「パリ～イメージの釣り人」、「『ヴォーグ』の時代」と、順路に従って展示を見ていくと、彼が、一貫して「ありふれた状況下の普通の人々の普通の振る舞い」を捉え続けたことが見て取れる。一九一二年四月一四日パリ郊外ジャンティイに生まれ、生涯このパリ郊外に住み続けたドアノーは、石版彫刻を学んだ後、初めてカメラに「城壁の外側」の静けさを収めていく。「冬の時代」に入ると、「レジスタンスのビラ貼り」などで見事に歴史を刻むが、決して力むでもなく、むしろ「有刺鉄線の中の恋人たち」や「『すべて偽物』、闇商品を売る店」などのように、占領下のたたずまいを時にはユーモアで語りかけてくる。解放後は、ますます精力的に郊外を撮り続け、カフェ、映画館、ダンスホールの人々に目を向け、「バヌーの昼食」や「日曜日の朝」のように、何気ない日常の風景を切り取るのである。やがて、「イメージの釣り人」として、パリの街中で、アコーデオン弾き、管理人、ビストロのオーナー、肉屋、靴職人、煙突掃除夫を前にして、「待つことで得られる奇跡の瞬間」を捉えていく。彼の写す人々や市井は、まさに「人民主義」と称されたとおりであった。ヴォーグ社の契約カメラマンとして、「レインコート」などの代表作を残したものの、再び路上の人に戻るのもうなずける。

「私のキャリアで一番の喜びは、見知らぬ人と会って話をすることだった。こういった素朴な人たちは実に優しく、自然と詩的な雰囲気を漂わせていた」。「休み時間の子供たち」や「スモック姿の子供たち」には、歓声のロンドが聞こえるかと思えば、「パリ祭のラストワルツ」では一組の男女のせつないドラマがある。真実を捉えるが、いつもユーモアに包みこんでいた。「人生は決して楽しいばかりじゃない。それでも我々にはユーモアの心がある。我々が感じる感情を閉じ込める隠れ家のようなものだ」L'existence n'est certes pas gaie, mais il nous reste l'humour, cette espèce de cachette où l'on jugule l'émotion ressentie. オスマンによるパリ大改造でボードレールをして「我が思い出の数々は岩より重い」と嘆かわしめたが、ドアノーは、「不滅のパリ」に思い出、思い出と繰り返させるのである。

◆ロベール・ドアノーといえば、「市庁舎前のキス」。パリ市庁舎前の行き交う人々の中で抱擁する男女。一九五〇年六月一二日のアメリカのライフ誌に掲載されたこの作品は、「春のパリの愛」の写真をフランスの通信社に依頼したことがきっかけで生まれたもので、一連のキスシリーズの一枚である。アメリカでもフランスでも大成功を収め、その結果一九五一年にニューヨーク近代美術館でブラッサイらと並んで紹介された。八〇年代には、絵葉書、カレンダー、ポスター、便箋などに採り入れられることとなり、この度の写真展のパンフレットも飾る。が、このシリーズの多くは演出されたものであったために眉をひそめる向きもあり、その是非をめぐって論争に発展した。さらに、一九九三年にはパリ大審裁判所に、商業的利益の分け前を求めて、あるいは肖像権の侵害を理由に訴えが提起された。しかし、彼は、この事件について、一言も語らず、慎ましさと品位を表すばかりであったという（二〇一二年三月三一日号フィガロ）。被写体と連携して写真を作り上げる実験的手法について、現在では、ドアノーが撮影に当たり自分の役割を隠すことがなく、むしろ「典型的なパリっ子劇場における素晴らしい協力関係を彼らとの間に築いた」と賞されている（ジャン＝クロード・ゴートラン）。二〇〇〇年に「市庁舎前のキス」撮影五〇周年を記念してパリ市庁舎前広場で大型プリントが展示されたことは、論争でも裁判でも、彼に軍配を上げたことを証するものであろう。

◆「考えようによっては恥ずかしがりも悪いものではない。内気な性格で人を撮るときは距離を置いた。結果として、被写体の周りにスペースが生まれ、これこそは私が撮りたいと思っていたものだったのだ」。自分を客観化する目は、私たちを惹きつける。

夏のバカンス　フランス人は倹約
――Vacances d'été: les Français font des économies

〔第７４４号（平成24年10月号）掲載〕

◆豪雨のお見舞いを申し上げます。その上猛暑が続いているそうですね。当地も苦熱の日々です。猛暑canicule, chaleur caniculaireが女性名詞でシリウスの別名であることを恥ずかしながら初めて知りましたが、合点がいきます。

◆ロンドン・オリンピックも終わって静かな夏と思っていましたが、日本では今なおメダリストの話題で沸騰しているとか、さらに熱いことですね。フランスは三四個のメダルを獲得し、世界七位と大健闘でしたが、何となく盛り上がりに欠けました。お家芸のフェンシングでメダルがとれず、期待された女子サッカーも四位に終わったためかもしれません。日本に敗れた時の観衆のため息の残響が現在も市庁舎前広場を覆っているようです。フランスといえばオリンピックよりもツール・ド・フランス。ため息は、そのツールでブラッドリー・ウィギンス選手に優勝をさらわれたこともあるのでしょう。史上初の英国人の優勝で、しかも一、二位独占とは、まさにロンドンへのエールとなりましたね。忘れられないのは、紙面いっぱいに法華津寛選手の馬上の勇姿をとらえた記事（八月三日付ルモンド）で、インタビュアーの温かい言葉に思わず拍手を送りました。

パラリンピックも始まりました。各国の選手の精一杯の活躍を応援しましょう。

◆さて、フランスの七月、八月といえば、バカンス。雑誌は、早くから夏特集を組み、「夢の村々」

とか「未開のフランス」などとバカンス気分を煽っています。まさに、一年の半分は過ぎ去ったバカンスを語り、残りの半分は来るバカンスを語るというとおりです。ところが、オリンピックの宴の後のせいでしょうか、何となく例年のバカンスとは違うようです。と思っていると、「夏のバカンス：フランス人は倹約」Vacances d'été: les Français font des économiesという見出しの記事（七月三一日付ルモンド）。「経済危機と気候不順で、フランス人は、目に見えて夏休みに時間も金も使おうとしないし、それができない」「上半期の長期にわたる天候不順がバカンスの準備を逡巡させたが、フランス人のバカンスに対する考えを変えたのは、とりわけ経済危機である」という。

世論調査によれば、この夏休みに出かけようと思っているフランス人はわずか五三％にすぎず、そのうち七三％が国内旅行であり、その予算は四人家族で平均一二九〇ユーロです。しかも、間際になって予約するというのが今年の特徴であり、半数近くが七月になって予約し、そのうちの四分の一は最終週にという状況です。さらにいえば、唯一増加しているのは、バカンス村で一週間一人当たり食事込みで三五〇から六〇〇ユーロというもので、家族全員で一戸建てを一月間借り切って過ごすなどはもはや過去の話しで、多くは短期滞在を選び、宿泊施設といえば親戚や知り合いを頼りに個人レベルで解決することを選んでいる、といった具合です。

「直前に予約」が記事になることこそフランス人のバカンスなのでしょう。レオン・ブルムの人民戦線内閣による有給休暇法で認められた二週間から今や連続五週間の有給休暇。そもそもバカンス取得率は以前から六十数％であり、外国で過ごす者は二〇％を下回り、短期化の傾向はすでにあり、宿泊施設が家族や友人宅というのは今に始まったことではありません。フランス人の合理精神そのものでしょう。もっとも、二〇〇二年の「水辺のパリ」（「法曹」第六二四号（平成一四年一〇月号））のころからバカンスのあり様も変わってきたのかもしれません。何はともあれ、まだまだ「バカンスはフランス人にとって文化遺産である」と言い続けられるのはまちがいないようです。

◆若者による暴動、ロマ人の不法キャンプの強制撤去、移民二世の同化など第二幕のごとき問題に加えて欧州経済の懸念等々。これらを置いてきぼりにしてバカンスとは、まさに頭の中もバカンス（空っぽ）と言われそうです。次便では、司法を取り巻く諸問題を採り上げてみるつもりです。お元気で。

（平成24年8月31日脱稿）

大統領と大臣の製造機
——Une machine à fabriquer des présidents et des ministres

〔第748号（平成25年2月号）掲載〕

◆助けて、帰ってきたエナルク！ Au secours, les énarques reviennent! エナルクが政治の舞台にカムバック（二〇一二年九月二二日号フィガロ）。エナルクとは、ＥＮＡエナこと国立行政学院の卒業生。政治の節目にはこの「学校」が登場する（「法曹」第五四〇号（平成七年一〇月号））。

◆昨年五月に新大統領が誕生するや、内閣のおよそ四〇〇ものポストにエナルクら高級官僚群が殺到した。「エナルクの栄えある復帰」Le grand retour des énarquesというわけである。現職のサルコジ大統領を破って選ばれたオランド大統領自身の経歴をたどると、フランスのエリート社会が垣間見える。パリ政治学院（シアンスポ）、HEC経営大学院を経て、一九七八年にエナに入学し（学生の選ぶ洗礼名でヴォルテール期生という。）、一九八〇年に七番の成績で卒業した後、会計検査院に勤務し、その後ミッテラン政権時代に大統領府秘書官に就任した。加えて、ヴォルテール期生で前々回の大統領候補ロワイヤル女史と事実婚関係にあったが、現在はジャーナリストと事実婚ユニオン・リーブルを結んでいる。ユニオン・リーブルもフランスらしいが、ここでは触れない。

◆フランスは、世界に類を見ないエリート教育の国であると言われる。その卒業生によって形成される人脈がフランスを動かしているというグラン・ゼコール（高等専門学校）、その一つがエナである。「大統領と大臣の製造機」Une machine à fabriquer des présidents et des ministresと称される。たしかに、ジスカール・デスタン、シラク、オランド大統領を生み、ファビウス、ロカール、ジュペ、ジョスパン、ド・ヴィルパン首相を輩出した。「高級官僚群が行政を主導するのは極めて自然である」とはいうものの、わずか一〇〇人ばかりの卒業生の中からである。卒業時の成績上位者一五名にグラン・コールという最も権威ある財務監察官、コンセイユデタ、会計検査院を選ぶことができるという官庁指名制度に支えられて、現在もなお政界、財界への登竜門として聳え立つ。その出身階層はといえば、高級官僚、企業経営者、弁護士に偏在する。

◆エナルクには、批判も付きまとう。「しばしば体制順応型で時には現実と遊離している」と。エナは、一九四五年に大戦の反省からエリート養成の必要性に迫られたドゴールによって創設された。その目的として、国のアイデンティティの再建、官僚の社会的階級からの独立、国益優先のための各官庁間の隔絶の解消などが掲げられているという。それにもかかわらず早くからエナの改革が訴えられた。一九八四年には試験区分の再構成や試験官の多様化などが試みられ（八幡和郎「フランス式エリート育成法」）、最近では、二〇〇六年に、欧州問題などに臨機応変の対応ができるように、欧州と国際関係、領土、国家行政の管理運営の三つのテーマに課程を再構成し、二〇〇九年には、研修期間を二七か月から二四か月に短縮し、また、庶民階層出の給費生向けの内部準備クラスの創設にも踏み切った。

しかし、官庁指名制度の廃止は容易ではなかった。当初は支持されていたものの、「省庁間の連携、政策、変革への舵取り」にメリットを発揮し、仲間うちの人事支配を防ぐ制度として評価できるとの意見が勝り、コンセイユデタも憲法院をも煩わした上、ついに二〇一二年三月四日のデクレはいくつかの修正を施しながらも、これを温存したのである。サルコジ前大統領は、パリ大学法学部卒の弁護士である。彼が二〇〇八年初頭に語った言葉が思い出される。「二五歳で合格した試験の成績が職業人としての一生を決めるとは不快である」。

◆エナへの批判が絶えたわけではない。民間企業などからは、組織感覚がなくリスクや成果意識に欠け、マネジメント能力で通用しないなどと手厳しい。批判の「前例踏襲、傲慢、体制順応」Formatés, arrogants, conformistesこそエリートの証しとは皮肉であろう。

教育の前の平等を高らかに宣明しながらエリート教育を保持する二つの顔は、一つの人格として機能し続けるか。

みんなのための結婚
――mariage pour tous

〔第752号（平成25年6月号）掲載〕

◆〝子供にはパパとママが必要〟〝愛する自由、権利の平等、すべての人への博愛〟

今年一月に反対派三八万人、賛成派一二万人のデモが繰り広げられたときのそれぞれのスローガンの一部である。国論をまさに二分させた法案とは、「みんなのための結婚mariage pour tous」、正式名称は「同性のカップルの婚姻を可能とする法案Le projet de loi ouvrant le mariage aux couples de personnes de meme sexe」。その内容は、結婚とは二人の異性又は同性の間で行われる契約であるとするとともに、同性婚カップルによる養子縁組を可能にするもので、戸籍たる家族手帳には、「父・母」に代わって「親」、「夫・妻」に代わって「配偶者」と記載されるという。

◆同性婚解禁は、オランド大統領の選挙公約であった。昨年一一月に閣議決定された際には、「フランスが平等に対する二〇〇年来の約束に立ち戻り、結婚を選択する人と子供に法律上の保障とその連帯責任をもたらす。これはいずれかの陣営の勝利というものではなく、私たち社会の勝利である」と宣言した。しかしながら、法案審議は難航し、今年の二月には国民議会で可決されたものの、その後、上院で修正され、国民議会の再度の読会を経て、四月二三日になってようやく、三三一対二二五で可決され、成立した。トビラ法相は、新法の成立について、差別に断固とした立場をとり、同性カップルに新しい権利を付与し、私たちの国が婚姻制度に対して有する敬意を証するものである、と語ったという。ちなみに、法相は、仏領ギアナ出身の女性政治家で現在の左派連立政権の象徴的存在である。

一方、反対派は、憲法院に審査請求をと意気軒昂である。

◆反対の急先鋒は、やはりカトリック教会であった。大司教たちは、すでに昨夏、家族と子供を守るために「子供たちは父の愛と母の愛の十全の恩恵を受けなければならない」「結婚を変質させようとするのは文明の破壊である」「性差を認めずにただ人間であるというビジョンは私たちの社会の基礎をぐらつかせるペテンである」と訴えた（一月一二日付ルモンド）。たしかに、同性愛が罪という時代もあった。しかし、フランス社会は、すでに、避妊、中絶、パックスという試練に耐えてきたのである。

一九九九年に導入された「パックスPACS（民事連帯協約）」は、協約を結べば、婚姻に準じて、相続権や税控除、社会保障を受けられるとするもので、当時は、同性カップルに届出婚に準じる市民権を与えることに保守層から猛反発された。当時の社会党ジョスパン政権のギグー法相も、「人は誰でも性生活のあり様を自ら選ぶ権利を持つが、異性同性カップルを問わず、子供に対する権利を持つものではない。子供は、成長過程において、精神性、社会性そして関係性の構築のために、対象として男性と女性という性的他者を手本として持つ必要がある」と述べる（一月二日号フィガロ）。まるで今回の法案の反対陣営の論者のようである。

一方、右派陣営も、当初はこの法案の阻止にはためらいがあったという。前大統領も、「私たちの家族観は、開かれ、現代化され、現実に沿ったものでなければならない」と説いていたのである。今や、パックスは、同性愛者のみならず、一般市民にも広く利用され、届出婚とほぼ同数のカップルが誕生し、それも九五％以上が異性間のものになり、風習、精神性、生活様式の進展は、愛の概念や結婚観や家族の信奉心を不安定にしつつあるということはほぼ一致して受け入れられている。それでも、二〇一一年六月には、社会党提案の同旨法案は、国民議会で否決された。難産であったからこそ、まさに、法相の語るように、「みんなのための結婚」法案の成立は、歴史的瞬間であった。

◈フランスは、世界で一四番目の同性婚容認国になったが、イギリス下院も二月に同性婚を合法化する法案を可決し、米国では九つの州とコロンビア特別区ではすでに合法化され、オバマ大統領が同性婚支持を表明したという。

時代は動く。司法にあっても、安閑とはしておれない。空気を敏く読み取らなければならない。

薬物なしでツールは優勝できぬ
——Impossible de gagner le Tour sans dopage

〔第756号（平成25年10月号）掲載〕

◆七月二一日午後九時四〇分、シャンゼリゼ通りを最終ステージ首位のキッテルが右こぶしを挙げ、総合首位のクリストファ・フルームがチーム仲間と肩を組みながらゴール。六月二九日に始まった今年のツール・ド・フランスの終幕である。

◆今年は第一〇〇回記念レースである。一九〇三年に始まり、二度の大戦で中断したものの、絶えることなく一〇〇回目を迎えた。

その発祥にドレフュス事件があったというのは有名な話し。日刊紙Le Veloの編集長ジファールが、パリ＝ブレスト＝パリという自転車レースを初めて開催したのが一八九四年で、この年にドレフュス事件が起こった。ジファールは、反ドレフュス派が大部分を占める自転車産業界にあってドレフュス派として知られていたので、これに対抗して、Le Veloの主要なスポンサーで反ドレフュス派のディジョン伯は、一九〇〇年にアンリ・デグランジュを編集長とするL'Auto-Velo紙を創刊するとともに新たな自転車レースを企画した。それこそがツール・ド・フランスであったという。その第一回は、フランスのほか、ベルギー、スイス、ドイツ、イタリアから合計八三人が、七月一日にパリ郊外を出発し、リヨン、マルセイユ、トゥールーズ、ボルドー、ナントを経て七月一九日にパリ一六区に至る二四二八キロ全六ステージで競い、完走者は二一人であったとか（安家達也・ツール一〇〇話、近藤史恵・

芦立一義「ツール・ド・フランス開催一〇〇回」ふらんす二〇一三年七月号）。

◈さて、今年もフランスチームは敗れ、一九八五年のイノーを最後に総合優勝から見放されているが、祝賀のムードはフランス全土を覆った。記念の演出は、第一に、発祥の時と同様、コースがフランス一〇〇％〈100% français〉となったこと。コルシカから海を渡ってニース、南仏プロヴァンス、サン・マロ、モン・サン・ミシェル、フランスで最も美しい町と言われるアヌレーなどを廻る三三六〇キロのフランス一周コースで、そこには風光明媚な土地が贅沢に散りばめられ、同一ステージに二度の山岳越えを盛り込む特別メニューも用意された。記念の演出は、それにとどまらず、日の入り後の凱旋門を一〇周回させ、ライトアップされたシャンゼリゼ通りをセレモニーの会場とする小憎らしいものであった。

◈しかし今回のツールの話題をさらったのは、イギリス人の優勝者でもなく、祝意の演出でもなく、開催前日に行われたランス・アームストロングのインタビューであった（六月二九日付ルモンド）。「薬物摂取なしではツールでは優勝できない」Impossible de gagner le Tour sans dopageと言い切った言葉は、癌で生死をさまよいながらツール七連覇を果たした男がドーピングで永久追放になった事実よりも、衝撃的である。

ツールは多くの美談を残しているが、実は、ドーピング問題が前々から影を落としていたのである。すでに一九二四年に薬に手を出している選手がいるとささやかれ、六六年にドーピングチェックが導入されたものの、翌六七年は山岳越えで興奮剤アンフェタミンの使用による死亡者を出すに至った。九八年にはチームによるドーピング疑惑で全員が失格となるとともに、警察の介入も招いた（前掲ツール一〇〇話）。このような背景が、今回のツールではドーピングは皆無であったと国際自転車競技連合（UCI）をして早々と発表させたのであろう。

◆先のインタビューで、アームストロングは、「ツールは、一大イベントである。厳しく、長く、激しい。私はツールとその体現するすべてをいつまでも愛し続ける」とも言っている。この心は、サイクリストすべてのものであろう。

この心がある限り、「心地よく底抜けの熱狂の共有」（「法曹」第六二四号（平成一五年一〇月号））のツールは、消えることはあるまい。

〔第760号（平成26年2月号）掲載〕

裁きは終わりぬ
――Justice est faite

◆フランス映画に陪審制を扱うものがあることを知った（川本三郎「ギャバンの帽子、アルヌールのコート」）。一九五〇年アンドレ・カイヤット監督の作品でベネチア映画祭グランプリ受賞作「裁きは終わりぬ」Justice est faiteである。

◆映画は、執達吏の召喚状送達の場面から始まる。農夫は、馬鈴薯の収穫期を迎えていたために陪審員候補をいったんは断る。一方、カフェのボーイは、店主から「革命のおかげでみんなの代表になれたのだ」と言われて、得意顔である。冒頭から、陪審制度が民衆革命によって作られたことの意義を強調する一方、陪審員就任が国民の生活に重くのしかかる事実と対比する。

陪審員の選定では、その選定方法に候補者から不平が言われる。映画は、陪審制度に絡む何事もないがしろにしない。選定された陪審員は、農夫、カフェのボーイのほか、退役軍人、カソリック教会の印刷屋、古美術商、タイル製品商人、馬主。それぞれが人生を背負う。農夫は、馬鈴薯の収穫で頭が一杯で裁判中に妻を寝取られる。カフェのボーイは結婚に反対の恋人の両親に裁判を通じて良いところを見せようと意気軒昂である。退役軍人は保守的で若者の奔放な恋愛に眉をひそめるが、娘が恋人に捨てられたことを知り哀れむ。印刷屋は熱心なカソリック信徒であるが、重度の精神障害児を抱え、一度は殺意を抱く。古美術商は、こよなく犬を愛する未亡人で、同宿の青年に心を惹かれる。タイル製品商人は、実直な人物ではあるが、女性古美術商と親しくなりたい。馬主は、婚約者と浮かれている最中に、かつての女から自殺をほのめかされるが、脅しにすぎないと突き放す。

◈いよいよ重罪法院の開廷である。被告人は女性医師、起訴事実は殺人。末期癌で苦しむ勤務先の所長で情人でもある男に哀願されてモルヒネを注射したというもの。次々と事実が明かされる。裁かれる人はリトアニア人、無宗教で金曜日にも肉を食べる、犬に石を投げつける、遺贈の約束があったなどなど。最終段階になって他に愛人がいる事実も判明する。安楽死の是非については、専門家の意見が割れる。

◆評議は、裁判長の三つの質問で始まる。被告人は殺人を犯したか、犯行は計画的か、情状酌量の余地はあるか。第一と第二の質問に諾であれば、被告人は死刑と諭される。評議において、陪審員の人生が色濃く投影していく。古美術商は、同宿の男から被告人の恋人であることを打ち明けられて愕然としたものの、犯行の動機が利害ではなく愛情にあると言い切る。印刷屋は、人を殺めることに「我は能わず」と述べる。馬主は、愛人を殺すことなど端から理解できない。被告人の運命が、出自に対する差別、宗教に対する非寛容、人種に対する侮蔑、趣味や好悪による偏見、その他もろもろの思惑にさらされていることが示される。そして、評決。四対三で懲役五年。

◆終章、馬主が法廷から出るや、かつての恋人が自殺したとの報に接する。彼はつぶやく。この知らせが評決前に届いていれば、三対四で被告人は救われたであろうと。しかし「裁きは終わりぬ」。結末に、被告人の定めは「陪審員の責任である」と語られる。

◆映画は、陪審制に潜む危うさを淡々と訴える。この制度を受け入れた人々には、危うさに優る価値があるという強固な意志とそれに委ねることによって得られる心の平穏がなければなるまい。メグレ警視も、根源的な疑問を発する。「陪審員は自分と同じ人間の運命を何によって決定するのか?」（重罪裁判所のメグレ）。この映画の提起する問題は、今後とも問われ続けなければなるまい。

ギロチンが競売
――Une guillotine aux enchères

〔第７６４号（平成26年６月号）掲載〕

◆ギロチンが競売Une guillotine aux enchères　このニュースには少々驚かされた。一九世紀後半に使用されていたギロチンが三月二七日にナント市で落札価額を六万ユーロと見越して競売にかけられたという。たしかに、刃の部分には“Armées de la République”共和国軍と施された刻印が認められ、第二帝政からパリコミューン期に使用されたことがうかがわれる。競売吏の述べるとおり、競売場で目にすると背筋が寒くなるCela fait froid dans le dos quand on la voit dans la salle代物である。一年ほど前には処刑されたルイ一六世の血染めの布片が一万九〇〇〇ユーロで落札とあったばかりである。何とも血なまぐさいが、革命に対する思い入れは今なおひとしおなのかもしれない。

◆ギロチンが、「一瞬にして犯罪者の首を切り落とす機械」として、ジョゼフ・ギヨタン博士によって発明されたことは、よく知られている。それまでの死刑執行は、火あぶり、釜茹で、車刑、四つ裂き、縛り首などなどで残酷さを競ったというから、たしかに優れものといえようか。それが最初に使われたのはパリ市庁舎の建つグレーブ広場で一七九二年のこと。一九三九年に非公開とされるまでは広場で処刑が行われていたというのも驚きである。ギロチン自体は、一九八一年の死刑廃止までしかと存在したのである。死刑執行を掌るのは、死刑執行人Bourreau　幾世紀も続いたサンソン一族が有名であるが、死刑執行は、まさに一つの職業であった。出来高払いで、時には有料で見物席を貸し出し、遺体を医学部などに売ることもしたとか。ギロチンも、死刑執行人の私有財産であるとすれば、競売にかけられることも驚くに値しないのだろうか（アルフレッド・フィエロ「パリ歴史事典」）。

同じころ、我が国では、磔、火罪、死罪。斬首は土壇場で二人の非人が罪人を後ろから押さえつけて、首打ち役の町奉行同心が首をはね、その血が流れきるまで、二人の非人が押さえ続けていたという。同心が未熟なために罪人の首が何度も斬りつけられるという悲惨な事態も生じたとか。もっとも、処刑は、牢屋敷の中で執り行われ非公開であった（石井良助「江戸の刑罰」）。ギロチンと人手による斬首のいずれが残酷かといえば、何とも言えないところであるが、残酷さを計るには、人の目にさらされることも無視できまい。ヴィクトル・ユゴーも、その著作の中で随所に公開による無慈悲さを訴えている。「みんなはテーブルや椅子や足場や荷馬車を借りていた。どれもこれも見物人でたわんでいた。人間の血で商売する連中が声をかぎりに叫んでいた。『座席はいかが』。」（死刑囚最後の日）

◆死刑執行の都度その存置の是非が問われるが、ギロチン競売のニュースに、死刑執行のあり方も司法のかたちも、その国の歴史、文化、宗教等を背景として成ることを改めて思い知らされたものである。何であれ卒然姿だけを真似るのは滑稽である。

さて、件のギロチンは売れたのであろうか。その後の短信（三月二七日号フィガロ）によると、競売価格を四万ユーロに下げたものの、買い手が未だ現われないという。そのわけは、その真贋にありそうだ。競売吏は、例の刃の刻印から本物であると強気であるが、フランス革命博物館長は、これは一九世紀後半の複製であると断言し、その結果、再競売では競売委員会からレプリカとして扱うよう指示されたとか。「あの汚らわしいギロチンはフランスから出ていくだろうL'infâme machine partira de France」とのユゴーの予想に反して、ギロチンは、今なおフランスに留まっているようである。

サン＝テグジュペリの最後の謎
――LES DERNIERS SECRETS DE SAINT-EXUPÉRY

〔第768号（平成26年10月号）掲載〕

◈一九四四年七月三一日「星の王子さま」の作者が消息を絶った。翌四五年八月三〇日には、バスティア控訴院において、サン＝テグジュペリの死亡宣告がされた。その日から七〇年である。遺体が発見されず、長年にわたり機体の墜落現場も不明であったことが、さまざまな伝説を生み出したが、五十余年後、一九九八年九月七日になってマルセイユ沖南のリウ島近くで機体の一部が地元漁師の網にかかり、そして二〇〇四年四月二七日公式に彼の操縦したロッキード社のライトニングP－38飛行機の残骸と確認された。

さて、英雄伝説にも終止符が打たれたのであろうか。

◈サン＝テグジュペリの死については、すでにジュール＝ロワの筆による「サン＝テグジュペリ愛と死Passion et Mort de Saint-Exupéry（1963）」に詳しい。ここでは、最後の謎LES DERNIERS SECRETS DE SAINT-EXUPÉRYという言葉に誘われて、フィガロ誌（七月一八日号）の特集記事を追ってみることとしよう。

七月三一日午前九時コルシカ島ボルゴ基地を離陸し、敵に占領された祖国の写真撮影の任務を果たすために、グルノーブル―アヌシー地区を目標に、巡航高度一万メートル、零下五〇度のアルプスの上空を飛行した。当日は、眩いばかりの素晴らしい天候の下に、幼いころに過ごしたアン県のサン＝モーリス・ド・レマンスの城館も眺められたことであろう。たしかに、この飛行には幾つかの謎もあった。そもそも、彼は、一九三八年の飛行によって五回目の事故に遭遇し、自ら飛行服を着用することもできないほどの傷害を負っていた。三〇歳の制限年齢をはるかに超える四三歳の時に33Ⅱ飛行大隊復帰の夢を叶え、ライトニング機の操縦訓練を基礎から受け、許可された出撃回数をすでに超えながら出撃を執拗に要請していた。ドゴール将軍から疎んじられ、一部の仲間から反発されることもあったが、コックピットの中ではひたすら任務を果たすことのみに意識を集中したというが、数日前には親しい者に死の切迫を暗示している。前日は、連隊長からの夕食の誘いを受けたものの断り、眠れない夜を過ごし、当日は特別措置によって飛び立つ機会に恵まれ、異例にも大尉の立ち会いなしに出撃を開始したのである。
◆記事は、機体発見までは生存説もあったことに触れた上、撃墜されたのか、機体の故障に遭ったのか、病魔に襲われたのかとし、さらに自殺であったとの説には、最後の飛行の前日に友人に宛てた有名な一節を掲げている。「撃墜されたとしても、私は絶対になにも後悔しないでしょう。未来の蟻塚のことを考えるとぞっとします。Si je suis descendu, je ne regretterai absolument rien. La termitiére future m'épouvate.」。

しかし、結論は、Ｂｆ109パイロットであったリッパート曹長が撃墜したとの従来の説に行き着くのである。曹長の証言が二〇〇六年の考古学者による緻密な調査過程でされたもので信用でき、彼の証言による撃墜場面と当日のサン＝テグジュペリの飛行経路——33Ⅱ大隊の大尉によると、当時の飛行大隊のパイロットに担わされていた二次的任務として上陸作戦を想定してマルセイユ沿岸の偵察に従事していたこともありうる——と符合するからであった。
◆サン＝テグジュペリの文学史上の評価というと、アカデミー・フランセーズ小説大賞などの栄光にもかかわらず、必ずしも高いとはいえない。しかし、最後に出版された「星の王子さま」が、二七〇もの言語に翻訳され、一億四五〇〇万部の出版がされていること、「わたしにとって、飛ぶことと書くこととは、ひとつのことだ」（リュック・エスタン「サン＝テグジュペリの世界」より）と自ら語り、「彼は、空を、パイロットの考えと感情を見事に書ききった。彼の作品は私たちパイロットの多くの者の使命を喚起した」（リッパート曹長）と言わしめたことをもって評価に代えたい。

過去のフランスからの逆襲

――LA REVANCHE DE LA FRANCE D'AVANT

〈第772号（平成27年2月号）掲載〉

◆ブルーの愛称のモーターバイク、ダンスホール、ブリジット・バルドーのランセルのバッグ、小学校の教室風景、ドラクロワの肖像の百フラン紙幣、オレンジの粉末、雑誌Lui、郊外の菜園、二輪駆動車、ビニール製のレコード盤、カフェのフリッパー、ミルクチョコでコーティングされたピーナッツ「トリート」……。

年末に届いたフィガロ誌（一二月一三日号）は、これらの写真を掲げて、「過去のフランスからの逆襲LA REVANCHE DE LA FRANCE D'AVANT」と題した特集記事。フランス人は、今や茫然自失であると書き始めて、現代は喜びに包まれていると信じていたが、そう遠くない過去を振り返ってみれば、過ぎ去った黄金の時代と失われた価値を見出して、そのころの生きる喜びが思い起こされると述べる。

◆冒頭の写真は、いずれも今やフランスから消えたものとか。バイオ技術の犠牲になった物、政治状況によってやむなく消えた物もあれば、想い出の中にだけ残るものもある。そして、復活するものもある。レコード盤は音の純粋さから復活の兆しがあり、かつてどのカフェでも見られたフリッパーも製造が再開されるという。なかでも世間を驚かせたのは、雑誌Luiが電子媒体に抗して今秋再刊されたことである。編集長は言う。「Luiは、過去のフランスの象徴であった。誰しも軽やかでエレガントに生きる夢を抱いている。後ろを振り返ることに問題はない」と。

回帰現象は、広告分野に如実に現われる。広告業者は、消費者の心に訴える最上の方法は想い出の炎を震えさせることと心得ているという。エールフランスの最近の広告「空に浮かぶフランス」は、以前の洗練された硬質なイメージからフランスの価値に焦点を当てて歴史的に受け継がれる伝統に立ち戻るという。さらに、奢侈品の分野では、ディオールが、香水に一九六九年のスクリーンのアラン・ドロンを起用し、シャネルは、寝るとき身にまとうものはシャネル五番数滴の言葉と共にマリリン・モンローを蘇らせた。音楽の分野でも、現代の歌手は政治を語るが、一昔前の歌手のように夢を与えることはしないとして、実に五〇%が過去の作品に倣っているという。

◆現代のフランス人はもはや進歩神話を信じようとしないとも言う。ノスタルジーは、危機や不況に結びついた自然の反応であるLa nostalgie est liée à la ruputure, à la crise. C'est une réaction naturelle.うまくいかなくなるたびにより良かったものを見つけようとして切り抜けるためのもの、それが理想化された過去であり、すがりつく感覚であり、価値である。これは社会心理学者の言葉である。このような状況を憂えて、「フランス人はもはやフランスにはいない」と言う（エリック・ゼムール）。彼は、「エリートは人々が愛していたものを嫌悪することを教え、嫌悪するものを愛することを教える」（マルセル・ゴーシェ）と言う警句を引用して、憤りを露わにしたうえ、人々が懐かしむものは単一国家としての文化であり、文明であり、そして生き方であると断言し、これらは伝統文化の放棄と移民によってすべて破壊されたと嘆くのである。欧州共同体の中のフランスの二重性と閉塞感がイライラを募らせるのであろう。

◆ノスタルジー現象には、過ぎ去ったものの美化にはとどまらないものがある。グローバリゼーションの名のもとに切り取られたもの、目まぐるしく動く社会の中で信奉できるものの喪失、このような状況下では、しっかりと立ち止まることが必要なのかもしれない。

（平成26年12月29日脱稿）

〔第776号（平成27年6月号）掲載〕

三月八日
——Le 8 Mars

◆春らしく女性に関する三話。

まずは、三月八日国際女性デー Le 8 Mars の女性へのエール記事から。女性起業家が二八％！（三月七日号フィガロ）。女性による起業は、能力不足に対する不安、失敗への恐れ、そして社会経済環境の未熟さから今なお低調ではあるが、世論の喚起の強化、抑制から野望への解放、そして生物学的に見ても成長こそ女性の特性であることを理解することによって軛から脱するであろうという。企業の支配層に女性が増加 En entreprise, les circles du pouvoir se féminisent の記事（三月九日付ルモンド）は、上位企業の女性役員の割合が、二〇一〇年の一六・七％から三一％に伸びたと告げる。二〇一一年一月二七日制定の「取締役会及び監査役会における男女の均衡ある代表並びに職業上の平等に関する法律」、いわゆるコペ＝ジムメルマン法によって、上場会社と一定規模以上の非上場会社に取締役会等における男女の割合をそれぞれ四〇％以上とすることが義務付けられた。その履行期限が二〇一六年内と迫る上場会社にとっては、人材派遣会社によるヘッドハンティングなどにすがらざるを得ない状況であるという。ここでも、有能で信頼厚く買い手の女性は大勢いるものの、最高権限を女性に委ねることにはためらいがあるといわれている。男女平等給与法や平等認定付与制度など一連の男女平等推進の施策にもかかわらず、女性の参画にはなお壁が高い。

◈男女同数候補者制en binôme composé d'une femme et d'un hommeによる初めての県議会選挙が三月に実施された。選挙区を半減して実施された選挙の結果、改選対象の九八県議会で改正前は男性一七四六人に対して女性議員が二八〇人であったが、男性議員と同数の女性議員二〇五四人が誕生した。

一九九九年の憲法改正により両性の政治参画平等の促進が明示され、二〇〇〇年には「選挙によって選出される議員数及び公職への平等なアクセスを促進する法律」、いわゆるパリテ法が制定され、さらに二〇〇八年の憲法改正によって経済・社会分野における男女共同参画が追加明記されたが、二〇一一年選挙後も県議会に占める女性議員の割合は、一三・九％に過ぎなかったという。それに続くものが二〇一三年五月一七日の改正法の定める二人組投票制度で、男女二人組で立候補し、各選挙区から一組が選出されることとなった。この法案には、選挙人の選択の自由を制限し、憲法三条に定める平等な選挙を妨げるとして、憲法院に違憲審査の請求がされたが、憲法適合性の判断が示された（服部有希「フランスの県議会議員選挙制度改正」）。しかし、この法律には今なお疑問も呈されている。

男女平等社会の実現はオランド大統領の公約であるが、さて男性優位社会に止めを刺すことになったのであろうか。

◆痩せすぎモデルはご法度！　痩せすぎマヌカンを禁止する法案が四月三日に可決された。体格指数が一定基準以下の者をランウェイモデルとして雇用することを禁止するもので、モデル雇用事務所には医者の証明を義務付け、違反のときには六月以下の禁固及び七万五千ユーロの罰金に処するという。あわせて、サイトによる拡散防止を考慮して、過度の痩せをあおる者は、一年以下の禁固及び一万ユーロ以下の罰金に処せられるとも定める。この健康法案Loi Santéには、当初から雇用の機会均等の趣旨に反すると異が唱えられていたが、案の定全仏モデル事務所組合の猛反発を招き、太めのモデルからも反対の声が上がっているとか。

それでも保健相は、モデルたちに美しさの手本を見る若い女性への重要なメッセージであると歓迎した。法規制に踏み切ったことは、三～四万人の摂食障害者を抱えるフランスの悩みの深さを物語っている。摂食障害に苦しむマヌカンの写真には心痛む。

温暖化、バカロレア改革、共和国学校

——le réchauffement, reformer le bac, la République à l'école

〔第７８０号（平成27年10月号）掲載〕

◆バカンスを迎えて、セーヌ河畔に恒例の砂入れが行われました。今年もパリの浜辺Paris-Plageには水着の花が咲いています。日本は猛暑だそうですが、いかがお過ごしですか。冷房設備がないためにパリのお年寄りが亡くなった数年前の事件が蘇りますが、我が国でも熱中症による痛ましい事故があったと知り驚いています。

◆暑いといえば、エッフェル塔に木が植えられたのをご存知ですかVOTRE ARBRE PREND RACINE SUR LA TOUR EIFFEL 二〇一五年パリ環境会議の企画です。スマートフォンのアプリを通して八ユーロで一つの光の苗が配られ、その苗がエッフェル塔の壁面で大きな木に成長し、やがて森が生まれるというわけです。この目的は、仕掛人であるベルギーの女性アーティストによれば、一二月に開かれるＣＯＰ21国連気候変動パリ会議に向けて、各自が温暖化阻止の闘いに参画することだそうですparticiper à la lutte contre le réchauffement climatique（六月一九日号フィガロ）。その木を育てるのは参加者一人一人の心臓の鼓動であるというから驚きです。我が国でも電力自由化などから温室効果ガスが懸念されていますが、緑の木を育て上げたいものですね。

◆もう一つあついといえば、この季節にはバカロレアです。かつてのカンニング騒動や今年の出題ミスのことではありません。「バカロレアの改革」reformer le bacという本質に関わるもので、ルモンド紙が現役教師に問い掛けた調査です。今や二〇〇年も続くこの試験の将来を考えるときであるとか(七月一三日付ルモンド)。たしかにバカロレアは一八〇八年にナポレオンによって創設されたものですから、制度疲労もあるのでしょう。この制度が、中等教育修了認定証であるとともに大学入学資格を与える点でフランス独特のものであることには意見の一致をみます。しかし、これを一層強化するか、大学入学資格検定に背を向けるかということになりますと、教師の捉え方も真っ二つに割れるようです。その廃止や分離をめぐっては過去にも議論されてきましたが、抜本的な改革は手つかずでしたから、まさに永遠のテーマと言われるゆえんです。調査に応じた教師の多くは、この制度の役割、バカロレアに求める水準、試験科目の三つの問題を抜きにしては済ませられないことは実感しているといいます。一方、世論は、三分の一が現行のままで良しとしています。我が国でも、大学の入試改革が組上に載せられていますが、その施策がなかなか具体化されないようですね。教育や選抜のあり様は、いずれの国でもなかなかの難問です。

教育問題では、「学校は歴戦の勇士先生を求めている」と刺激的な記事もありました(七月一七日号フィガロ)。学校における権威の喪失、処罰の放擲、成績評価の弛緩などを憂えるものですが、七月八日に発表された下院調査委員会の報告書を挙げてイスラム聖戦主義などに抗する事態における学校のあり方として共和国学校la République a l'écoleを築き上げるべきであると何とも勇ましい限りです。

若者の郊外問題や教育と宗教のあり方は、この国ではいつまでも重い課題なのでしょう。
◆当地の雑誌は、例年どおり、バカンス向きの特集娯楽記事で埋められています。ワイン特集では、美食ともてなしの地ボルドーの顔として、ジョエル・ロブションが紙面を飾っています。ボルドーといえば、日本でもボルドー展が開かれているそうですね。この都市の顔として、地方分権化政策によって一九七二年にギヨーム＝ギヨによって建てられた司法研修所がその斬新さで記憶されていますが、今やワイン文明博物館やトラムなどで装う街からは、昔の面影はわずかに旧市街に偲ばれるだけです。
それでは、猛暑を乗り切ってください。

（平成27年8月10日脱稿）

〔第784号（平成28年2月号）掲載〕

フランスは戦時下
——La france est en guerre

◆シャンゼリゼのイルミネーションは、それでも一一月一九日に点灯された。テロがパリを襲った六日後のことである。クリスマスには街も電飾で華やぐ。通常の生活を営むことこそテロに屈しない意思の表示であるという。もっとも、教会周辺の警備は内務大臣通達によって強化されたが。
◆テロをめぐってフランスの根本義が問われる。大統領は、テロの発生の翌日に全土に一九五五年制定の法律に基づき非常事態宣言を出し、令状なしで三〇〇〇件に上る家宅捜索を行い、三〇〇人を拘束したと伝えられる。一一月一六日には大統領が国民議会で演説、その最初に発せられた言葉は、「フランスは戦争状態にあるLa france est en guerre.」。続けて「私たちは情け容赦をすることがあってはならない。いかなる猶予もためらいもなくテロリズムを根絶しなければならない。私たちフランスの価値を尊重することはもちろんであるが。」と。テロを目の当たりにすれば演説を受け入れることに誰しもためらいはなかったが、憲法学者を驚かせたのは、憲法三五条による宣戦は大統領ではなく国民議会であるはずだからである（一一月一八日付ルモンド）。その後一二月二三日には、非常事態における治安対策とその正当性の強化のために憲法改正が閣議決定された。そこには重国籍の者でテロ行為により有罪になった者に対するフランス国籍の剥奪や外国でテロ活動に関わったフランス人容疑者に帰国承認を与えないことが盛り込まれているという。これまた欧州人権協定に違反すると批判される。シェンゲン協定により保障されたEU域内の移動の自由は欧州統合の象徴であったはずである。フランスの伝統的価値観との狭間で悩みは尽きない。

◆テロは、反イスラムから反移民に矛先を向けさせる。「今やフランスは崩壊の真只中にある」として「移民政策の責任放棄」が告発される（一一月二七日号フィガロ）。移民に関しては、ミッテラン時代に統合政策が唱えられたものの、一九八九年のスカーフ着用事件でイスラムアイデンティティが問われ、一九九八年のワールドカップでは「三色旗と多色チーム」を唱えて時の大統領がフランスの一体性を訴えたが、二〇〇五年の三週間にわたる郊外暴動で揺り戻された。移民を取り巻く社会の動きに促されて、フランスエリートはブーメランのごとく受容と選別の間を揺れ動く。

移民と統合に関わる問題は何であれ平静に取り扱うことがますます困難にさらには不可能になってきていると論者は述べる。この問題を扱うに当たっては、移民とその子供たちをその集団に追いやることがあってはならないこと、移民自身もつなぎとめるアイデンティティを持っていること、移民の大部分は私たちが当然のように持っている個人の自由の存在しない社会から生まれていること、これらの事実を認識すべきであるという。聖戦志願の若者の六七％が中産階級の出身であり、職業上も一七％が上級に属するというからさらに厄介である。「直面する脅威は経済社会の問題の中ではなくアイデンティティの複雑な問題の中にこそ根源がある」「目的はフランスの精神そのものからフランス（共和国）を除去することである」と述べる意見は深く厳しい。

◆くしくもエディット・ピアフの生誕一〇〇年である。ピアフもそのステージを彩ったであろうバタクラン劇場でも一一月一三日に九〇人の「バラ色の人生」が無惨にも失われた。この悲しみを心に刻まなければならないとして、パリ市公文書館は、共和国広場に手向けられた追悼のメッセージなどをパリの歴史的記録としてデジタル保存する作業に着手したという。人命と比較衡量すべき価値は何もないが、同時に人間としての尊厳が失われることがあってはならない。

（平成27年12月28日脱稿）

食糧浪費、労働の自由と権利

――le gaspillage alimentaire, Libértes et droits de la personne au travail

〔第７８８号（平成28年６月号）掲載〕

◆現代を切り取る二題。一つ目は食のあり方。賞味期限切れの食品の廃棄を禁止する法律、正式名は食糧浪費の一掃に関する法律 loi relative a la lutte contre le gaspillage alimentaire が二月一一日に成立した。昨年八月に上程された法案が憲法院で一部違憲と宣言された後、九月に議員立法として国民議会に付され、このたび下院で日の目を見たものである。四か条から成る法律は、教育法や商取引法に「食糧浪費に対する闘い」を挿入して、学校教育の普及と世論の喚起と共に、企業の社会・環境に関わる責任を規定するが、最も重要な規定は、もちろん環境法の改正に係る部分である。

「食糧浪費に対する闘い」として一節を設けて、製造業者、加工業者及び小売業者から消費者個人と団体まであわせて責任を担うことを宣言した上、食糧浪費の防止、寄付又は加工による売残り食品の活用、家畜飼料への転用、農業用堆肥やエネルギー利用を掲げる。具体的には、スーパーマーケットなどの小売業者に消費可能な食品を廃棄処理することを禁止し、慈善団体に配給することを妨げるいかなる約定も許さないとするとともに、一定の売場面積（延べ床面積四〇〇平方メートル）を超える店舗には、慈善団体に売残り食品を無償で譲渡する契約を結ぶことを義務付け、違反した場合には罰金に処することとする。

国際連合食糧農業機関（ＦＡＯ）によれば、世界の生産量の三分の一に当たる約一三億トンの食糧が毎年廃棄されているというから驚きである。欧州議会では二〇一四年をヨーロッパ反食品廃棄物年として、二〇二〇年までに食糧廃棄量を半減させるための資源効率化の促進対策を加盟国に義務付ける決議が採択されている（農水省「食品ロス削減に向けて」）。皮肉にも、同じころの三月一八日、恒例のコンクールで「パリ一番のバゲット」が発表された。美食の国の悩みも深い。

◈二つ目は働き方。二つのオブリー法により制度保障されたフランスの三五時間労働制は、労使ともに受け入れていたはずである。ところが、現行労働法が改正されようとしているというので、抗議デモが続き、特にメーデーの日の若者を中心とする抗議は大荒れであった。改正案は、週三五時間制は維持した上、労使の合意によって最長四六時間までの延長を容認し、解雇する場合の賠償金の上限の新設や異動の拒否の制限を設けるなどというものである。景気の低迷が続く中、雇用の促進を図ろうというのが政府の意図である。たしかに、失業率は一〇％で、特に若者では二〇％を超えるという状況下で、政府が雇用対策の切り札と考えるのも分からないでもない。これに対して、国民の五八％が反対という。解雇を容易にし、労働者の地位を不安定にするなど労働者の地位をオブリー法以前に後退させるというわけである。

労働時間は働き方の根幹である。三五時間法制によるシェアリングによって雇用の創出が促進されることもあれば、労働市場の固定化が正規の従業員の雇用をかえって困難にすることもありうるから複雑である。全く仕事がないよりはそれなりの仕事がある方がましだIl vaut mieux avoir un travail moyen que de ne pas avoir de travail du tousと話す「不機嫌な世代」une génération morose の声も正直なところであろう。政府にも消極意見があり、修正の余地があると言わざるを得ないほどに難しい選択である。法案の前文「労働権の基本的原理」の第一節「労働における自由と権利」Libértes et droits de la personne au travailに掲げる理念は、すべての労働関係において人民の基本的権利と自由が保障され（第一条）、すべての人は労働の尊厳を敬う権利を持ち（第二条）、職業における男女間の平等は、敬わなければならない（第四条）などなどに異論はなかろうが、その実効化にはなお時が必要であろう。

（平成28年5月3日脱稿）

〔第792号（平成28年10月号）掲載〕

同化統合が頓挫

――L'intégration est en panne

◆バカンスの特集号（七月二三日号フィガロ）で一人の哲学者が語っている。アラン・フィンケルクロートAlain Finkierkraut, エコールポリテクニックの元教授でアカデミー・フランセーズの会員である。インタビューは七七人の犠牲者を出したニース襲撃事件の翌日に行われた。フランスが三度のテロに見舞われたこの一年半を顧みて、アランは、アイデンティティの危機など現代の抱える諸問題に丁寧に答えている。

◈イスラム主義はフランスに根を下ろすか霧散するか――イスラム過激派にとっては、欧州が数世紀にわたる発展を経た今こそ、復讐と征服の時到来である。私たちは、長い間にわたり、世界史を世界の西洋化であると考えてきたが、たとえ西洋化が代表民主制や市場経済の地球規模の勝利であったとしても、あるいは階級闘争を世界にもたらしたものであったとしても、見直すべき時といえる。歴史はただ一つの暦や運命に括られるものではない。私たちが生きている今は、普遍的な歴史に代わって、文化と時代の衝突といえる。この衝突はとりわけフランスに対して容赦がない。というのはイスラム主義は私たちの政教分離思想やイスラム国への関わりに対して代償を払うことを望んでいるからである。この憎しみと暴力からは、いかなる国といえども免れないのである。

私たちの文明がナチズムや共産主義に打ち勝ったようにイスラム主義を奪い取ることがあり得るかと問われれば、イスラム主義は西洋文明とは異なる文明の産物であり、征服されうるともいえないと答えよう。イスラム聖戦派と極左過激派の共通点といえば、いずれも内乱を夢見ていることである。

◈フランスのアイデンティティは、もはや文化面あるいは文明的視点では確信できないものなのか――それは、私たちの直面する事態が今までとは全く異なり新しいものであって、武力にひれ伏すか否かが問われる場面ではなく、弱者、疎外者、貧窮者への救済に突き進む場面であるからである。フランスのアイデンティティが捧げられる場面自体が差別に対する闘いの場であるということである。フランスの同化統合が頓挫したことはL'intégration, tout le monde le reconnaît maintenant, est en panne, 今や誰しもが認める。フランスにとって一致して採り得る具体的解決策といえば、移民の流入を支配する方策を早急に見つけ出し、教育の核心部分においてフランスの言語、歴史及び文化を取り戻すべきである。公教育の再構築こそ今日最も急を要する作業といえよう。

◆この事態を前にしたエリートの罪悪感をどう受け止めるべきか――イスラムによるテロとその跡を消し去ろうとする狂暴な意思が際立ったのがこの一年である。敵の現実を意識化することとそれに目を覆うとする意思とは共存する。知識層は、ボヴァリズムに陥り、現在を他の時代と同視する誤りを犯している。良心の咎めなく、新たな恐るべき敵から我々の文明を守らなければならないときに我々の文明を犯罪視しているのである。

◆英国のＥＵ離脱は歴史の転換点といえるか――欧州共同体は、そもそも「私たち」と「私たち以外」との間の虐殺までも孕む違いを終わらせるために、固有の文明を価値に取り替え、権利や規範や手続に潜むアイデンティティを解体したものである。英国はその発展に否と宣言したわけであるが、Brexitによって英国と境界をつくるのではなく、欧州共同体を転生させるための機会と捉えなければならない。新たな狂信が蔓延しても、それに立ち向かい、闘う意思がある限り、ヒトラーの記憶が身をすくませ、芸術や思索が救いの神として認識の扉を開いてくれるはずである。

◆暑い夏には熱い茶が良いという。熱い茶を喫してもなかなか涼やかな答えを見出せないこともある。

（平成28年8月30日脱稿）

ラスコー国際洞窟壁画芸術センター

——Le Centre International de l'Art Pariétal Montignac Lascaux

〔第796号（平成29年2月号）掲載〕

◆ボルドーからのお便りを懐かしく拝見しました。フランスが今なお不安に苛まれているとのご意見に肯けます。二度の大きなテロに見舞われ、ドイツにおける更なるテロを前にすると非常事態宣言の延期もやむを得ないと受け入れられるでしょう。こんなときですから、サンタンドレ教会の聖夜の静けさを届けてくださったことを大変うれしく思います。

◆一二月一〇日にモンティニャック・ラスコー国際洞窟壁画芸術センター Le Centre International de l'Art Pariétal Montignac Lascaux の落成式典が催されたというニュースは、我が国にも伝わってきました。一九四〇年に四人の少年が一本の倒木の割れ目に気付かなければ、ラスコーの奇蹟は文字どおり陽の目を見なかったのですね。式典には、その時の少年の一人も招待されたとか。斬新な建物のたたずまいのみならず観る側に立った装置が素晴らしいと感心しました。お便りを拝見して、早速、東京の国立科学博物館「世界遺産　ラスコー展」に行ってきました。確かに「黒い牝ウシ」の飛び出さんばかりの迫力はすごいですね。一万五千年も前に現実を精神的に移し替えた営みに驚きます。

実はラスコーの洞窟をかつて訪ねたことがあるのです。ボルドーに滞在していたころ、フォアグラの産地ペリゴーを経てロッカマドゥールの城塞を訪れた際にモンティニャック村にまで足を延ばしたのです。雑草が生い茂った小径を辿ると施錠された頑丈な扉が現れて、予想はしていたもののがっかりしました。「ラスコーの洞窟の壁画」の竹山道雄のように、突然現れた番人が扉を開けてくれて、その結果一人で壁画に向かい合うことができたという僥倖を心の隅で願っていたからです。何よりも、今思い出しても、その場所に一万五千年前の壁画が眠っていることを想像させるものが何もなかったことが驚きでした。そのときは、これもまた自然流フランスだと思いましたが、当時すでにラスコー2の開設に向けて保存のための努力が積み重ねられていたのですね。

◆貴簡の指摘のとおり、文明のあり様が問われる時にこそ悠久の昔に戻ってみることも必要なのかもしれません。英国のBrexitに始まり、米国の次期大統領誕生から欧州の首脳選びまで、ポピュリズムという批判がついて回りますが、フランスの大統領選も同じような結末を迎えるのでしょうか。大統領の不出馬宣言とともに皮肉なことに失業率も改善したとはいえ、いまだ希望を見出すことはできませんね。

かのE・トッドが、当時のサルコジ大統領の誕生を映して奇しくも語るように、「民主制とポピュリズムを分かつものは、民衆がエリート層の必要性を受け入れ、それに信頼を寄せること」（『デモクラシー以後』Après la démocratie）とすれば、「ポスト真実」（オックスフォード辞典の今年の言葉）に代わり叡智を見つけるための不断の努力を続けなければならないということでしょう。まさに「識字化」が民主主義を産み、やがてポピュリズムを招くとすれば、生気に溢れ、無邪気で、素朴で、力強いラスコーの中から崇高な営みを回復したいものです。「悲惨を越えて至高の域にまで達しているゆえにこそ、人間的なものである」（ジョルジュ・バタイユ「ラスコーの壁画」）のですから。そして、ラスコーに感動した竹山が発した言葉のとおり、「人間とは何だろう」を問い続けていくべきではないでしょうか。

◆いよいよフランスの首長選びが始まりますね。この国のもがきを最後まで見届けてお帰り下さい。新年が佳い年でありますように。

（平成28年12月31日脱稿）

フランスが好きな五〇の理由　二〇一七年版
——50 RAISONS D'AIMER LA FRANCE EN 2017

〔第８００号（平成29年６月号）掲載〕

◆フランスの大統領選挙が熱い。移民規制やＥＵ離脱をめぐって四候補による異例の混戦から決選投票へ。この原稿が掲載される頃には、フランスの新しい顔が決まっていることであろう。

◆そんな折、「フランスが好きな五〇の理由　二〇一七年版」（二〇一六年一二月三〇日号フィガロ）を読み返してみた。フランス人のお好みの特集である。フランスの特性は、公式には、新たな多様性を自称し、多文化社会の構築を夢見ているというが、果たしてどうかというわけである。その一部を紹介してみよう。

まずは、麗しの国。この五〇年の耕地の整理統合等の農業政策によって「丘の国フランス」は失われたとの声もあるが、風を感じながら旅をすれば、悪魔の棲む沼や妖精の遊ぶ泉、狼の峡谷さえ見つけられるとか。一九七五年に創設された沿岸地帯学院の「人為を加えない」保護政策によって沿岸がコンクリートから守られている。ほかにも、森林遺産、山間の小さな教会、世界一美しい城、ユニークな動物相と植物相などなど。

次に、美味しの国。まずはパンとチーズ。住民一八〇〇人に一軒のパン屋が今や世界住民を制覇。これなしではフランスではないと言われるチーズは、四五の原産地製造名称で格付けされ、一二〇〇もの種類を誇る。そのほか、エビアンなどのミネラルウォーターに「ワインの王様、王様のワイン」と言われるシャンパンが挙げられる。

そして、イデーの国。政治、経済、社会、イスラム、地政学、歴史と思想書が売れるのもフランスである。連帯の精神として、一九七一年のビアフラ戦争によって始まった国境なき医師団の活動がある。

そしてフランス語。かつては全世界で話されていたのに、今や自国でさえ難しく複雑になってきている。言語学者アラン・レイは、英語からの借用語に浸食される問題を抱えるものの、それでも私たちの言語は途方もなく豊かであると楽観的である。ほかに経済学、再発見される歴史など。

最後に、新しい国。フランス国有鉄道、パリ市交通公団交通機関は今や国境を越える。健康保険システムにハイファイ・スピーカーなどのテクノロジー、商品管理バーコードなども自慢である。

◆一方、皮肉な声も。鉄道駅ではビストロとは名ばかりでセルフサービスのチェーン店、二〇分遅れの列車に乗り込むと、空調は故障でコーヒーを手に入れるのにも二〇分、洗面所は詰まり、窓は汚れ放題、赤子は泣きじゃくり、乗客はケータイにわめいている。車を走らせると、美しき田園風景は幻影で、街路樹が無残にも伐採され、村という村は打ち捨てられ、商店はこの数年閉まったままで、田舎はすっかりうらぶれている。美食の国と言われながらカフェのボーイは英語を全く話せない素振りで食事前に勘定の支払いを求め、フランス式古典的テーブル作法を強いてタイヤもどきの肉にゴムのようなサラダ菜と水っぽいトマトの付け合せを前の客の皿の上に置く。その洗面所はトルコ式と称する代物でズボンも靴もびしょ濡れになるのを覚悟しなければならない。パリでは、恐るべき交通渋滞を放置しながら市長は大気汚染を軽減できると固く信じ、コンコルド広場に着くや車を捨てて歩かせられ、ネズミの一群に見舞われる。やがて出くわすデモ隊のプラカードには、「ネズミの撲滅に反対、動物に敬意を！」。やむなく公共交通機関を利用しようと決意してエスカレーターを降りるや、スマートフォンをつかむ乗客でプラットホームは満員の始末で、電車はお決まりの「乗客の事故」を理由に止まる。

◆最後に、チャーチルの名言を一つ。イギリスでは禁止されたこと以外は何でも許され、ドイツでは許されること以外は何でも禁止され、フランスでは禁止されていることでも許される。フランスへようこそBienvenue en France.

シモーヌとジャンヌへの追悼
——À SIMONE et JEANNE DISPARUES
〔第８０４号（平成29年10月号）掲載〕

◆この夏に二人の女性が逝った。六月三〇日にシモーヌ・ヴェイユ、七月三一日にジャンヌ・モローである。シモーヌ・ヴェイユは、第五共和政の保健大臣であり、ジャンヌ・モローは、「世界で最も偉大な女優」（オーソン・ウェルズ）である。共通するのは、いかにもフランス女性であるということ。

◆シモーヌ・ヴェイユは、シラク、バール両内閣の保健相を務め、欧州議会の初代議長に選出された。彼女には、保健相に任命したジスカール・デスタン元大統領が弔辞を寄せている（七月七日号フィガロ）。その中で、元大統領は、自らとの関わりとして、三つの出来事を挙げる。アウシュビッツ強制収容所に収容されていたこと、保健相として中絶解禁法（人工妊娠中絶の非刑罰化に関する法律）を成立させたこと、そして欧州議会の議長に選出されたことである。強制収容所については、大統領就任時にアウシュビッツ訪問の同行を呼びかけたときに、拒絶されたことから、シモーヌにとっては胸の裂けるほど忌まわしい思い出であることと知って二度と思い起こさせることをしなかったと語る。中絶解禁法については、中絶に六箇月の懲役刑を科す裁判の様子にぞっとし、当時の司法大臣と内務大臣とも協力して法改正に取り組むこととした。

起草案を任せられた保健相にあっては、議会での騒然とした討論や不作法な侮辱的発言にもひるまずに演説を終え、ついに一九七五年一月一七日中絶解禁法の成立に漕ぎ着けた。まさにヴェイユの勇気にほかならなかったと述懐している。ボビニー裁判（一六歳の少女が強姦によって妊娠したために中絶した事件で一九二〇年の中絶禁止の法により起訴）の落とした影が思い起こされる。女性の身体への自由の呼びかけは、政治的にも宗教的にも実に困難であった。弔辞は、シモーヌ・ヴェイユの死去は永遠への架け橋であるsa disparition jette un pont vers l'éternité!と結ぶ。

◆ジャンヌ・モローについては、その名作は多数に上るが、とりあえずヌーベルバーグのルイ・マルの「死刑台のエレベーター」とフランソワ・トリュフォーの「突然炎のごとく」を挙げるだけで十分であろう。ずぶ濡れになりながら一人の男を思って彷徨うフロランスと二人の男の間をゲームのように飛び回るカトリーヌは鮮烈であった。

生前のインタビュー（二〇一二年八月六日号フィガロ）が溌剌としているだけに一層寂しくなる。この時にも前向きに、「生きられるだけの時間を持ち、しなければならないことをするだけの時間を持つ」と答えている。「私はいつでも自立している。コメディーフランセーズで稼ぐようになって母親に金を与えて家を出ることを許されたときから。」「バカロレアに合格しなくても、四歳の時に叔父から教わった読み書きだけで十分。読み物は私にはドラッグであり自由でした。」「一人の自由な女として、冒険者として、男のように生きてきた。母性的なところはこれっぽっちもない。」「失敗すること、失敗を学ぶことは必要ね。失敗した残りが成功の例というわけ。」インタビューの最後を、自分を語るのに疲れ切ってしまったと話したうえで、「私は知性ではなく、感情の女ですから」と締めている。

モローには、マクロン大統領の追悼の言葉がある。「映画と舞台の伝説ジャンヌ・モローは真の自由と共に人生をつむじ風のように疾走した女優であったune artiste engagée dans le tourbillon de la vie avec une liberté absolue」。そういえば、le tourbillon（つむじ風）は「突然炎のごとく」の挿入歌であった。

◆時代の風であろうか、その人の生き方であろうか。二人の女性の言葉にも生き方にも自由と力があった。

子どもたちを電子端末から切り離すことができますか
――PEUT-ON DÉBRANCHER NOS ENFANTS?

〔第808号（平成30年2月号）掲載〕

◆子どもたちの声が聞こえるはずなのに沈黙が支配。誰かいますかと尋ねても返事がない。かすかな音。部屋に入るとベッドに腰かけていた子どもが布団の下にタブレットを隠したばかり。家族の中心には電子端末が居座り、その周りを生活が回り、関係が築かれ、争いが起こる。電子端末は外の世界と結び、もはや手放せない存在である。「子どもたちを電子端末から切り離すことができますかPEUT-ON DÉBRANCHER NOS ENFANTS?」という記事（一〇月二一日号フィガロ）の書き出しである。

◆フランス小児科協会によれば、フランスの三歳未満児の四七％がタブレットやスマートフォンのような対話型電子端末を使用しているという。学齢期になると、スマートフォンは小学校中級科一年生（小四相当）の一〇％が、二年生の三〇％が、六年生では九〇％が所有し、中学校入学の一一歳児では当たり前の道具となって親のコントロールも効かない。母子保護センターに託された一八か月の幼児がiphoneを使用する例などを挙げて、早いうちから端末に触れる子は言葉の発達の遅れ、集団不適合、自閉症前期症状、特に味覚、嗅覚、触覚の未開発など一連の問題を引き起こすと言う。他方、国立科学研究所幼児発達教育心理学教室によれば、電子端末に頼ることは社会との結びつきや相互依存、運動作用を必ずしも排除するものではなく、七歳から一七歳の視覚的注意力を回復するとの研究結果もあるとか。

しかし、親にとっては不安は尽きない。六歳から九歳までの子の母親の生の声は、子どもたちが電子端末の画面から多くの暴力に耐え、見終わると叫んだり言い争ったりし、ポルノグラフィに接して精神が繰り返し不安定になっていると切実である。家庭内では、せいぜい電子端末の使用を制限したり、週のうち決まった曜日に時間制限を設けるほか打つ手がないと悩んでいる。それでは電子端末を禁止すべきかというとそう簡単ではない。心理学者が断言するように、食べ過ぎも偏食もいけないように、哺乳瓶でステーキを食べさせられないように、問題はまさに電子端末を適切に扱わないことにある。三歳児までは言葉や基礎的社会経験など多くが必要とされる修得期で、親にとって子どもと注意深く向き合うことが大事である。子どもが家にいる限り安心として、端末の前に放っておくと、人間関係やいろいろな好奇心を失わせる。幼いころに豊かな人間関係に恵まれていれば、その満足度に応じて大人になって端末に幻想的充足を求める気持ちはなくなるという。

◆フランスの国立図書館では、二〇一七年三月、三歳から一二歳までの子どもを対象にタブレットアプリを公開し、同館の児童図書センターが選んだ三〇のお話を聞けるとか。前政権は、デジタル技術の振興と活用を掲げ、「デジタル国家のための法律」も成立した。デジタル技術活用による若年層の教育・就業機会を増やす取り組みとして、学校ではipadやPCを配布したり、電子教科書の導入も始めているという。一方、二〇一八年九月から、六歳から一五歳の生徒を対象に学校内でのスマートフォンや携帯電話の使用が禁止されるとか。教育大臣が学校から電子端末を排除しようとするのは、打ち解けた言葉、基礎的な学習、穏やかな交流が図られる聖域をしつらえる意味では適切といえようが、大きな賭けでもあるとの意見もある。

◆さて、二〇年も前にエコロジストが問いかけたように、「どのような世界を子どもたちに残そうとしているのか」と質しながら、本当に気がかりな質問「どのような子どもに世界を残そうとしているのか」を避けているのではないか、とは厳しい。

うるさがれる自由
——une liberté d'importuner

〈第812号（平成30年6月号）掲載〉

◆ミュゲの日ですね。フランス中で男女が一段と輝きを増す時でしょうか。すずらん売りの声をなつかしく思い出します。愛らしい風習も次第に消えかかっているとか。少し寂しい気もします。そんな折ですから、愛の国フランスの影の部分を採り上げましょう。

◆性行為の同意年齢を一五歳に設定する法案。フランス政府は、三月六日、性行為に同意する能力があるとする年齢の下限を一五歳とする方針を明らかにしました。これによって一五歳未満の相手方との性交渉は強姦とみなされるわけですね。法案の背景には、一一歳の少女に対する強姦罪で起訴された三〇歳の男性に対して無罪が言い渡された裁判があったとか。陪審の判決は、「暴力、強制、脅迫、不意打ち」の形跡が立証されなかったという理由でした。現行法では「暴力、強制、脅迫、不意打ち」をもって行う他人に対するあらゆる性的挿入行為を強姦罪とし、その法定刑は一五年以下の拘禁刑で、一方、これらの手段を用いないで犯した一五歳未満の未成年者に対する性的侵害行為については、五年以下の拘禁刑又は七万五千ユーロの罰金刑でした。たしかに、現行法は擁護されませんね。

また、こんなおぞましい記事もありました。二月に発表された一八歳以上の女性を対象にした調査によると、一二%が強姦の被害に遭ったことがあるという。しかも、被害者の半数が幼児あるいは一〇代であったという恐ろしい結果です。性に関しては、さらにさかのぼれば、二〇一六年に前政権の下で買春禁止法が可決しました。二〇一三年の提出から成立まで二年余り、その是非を巡って国論が二分されましたね。賛成派は、売春に従事している大部分の女性が外国人で暴力の支配下にあると訴え、反対派は、売春根絶は妄想であり偽善であると反論したことは記憶に新しいところです。

◆そういえば、今年のピューリッツァー賞にはセクシュアルハラスメント告発の#MeToo運動の報道が選ばれました。米国ハリウッドの大物プロデューサーのスキャンダルに端を発したその運動に関しては、カトリーヌ・ドヌーブが#MeToo運動を批判する公開書簡に署名して、続いて釈明に追い込まれるという記事がありました。ルモンド紙に掲載された公開書簡は、性的自由には欠かせない「うるさがれる自由une liberté d'importuner」があるとし、セクシュアルハラスメント反対運動に対して、女性を永遠の被害者の立場に閉じ込めるピューリタニズムのように禁欲的と述べています。

これに対して、リベラシオン紙において、ハラスメントを擁護する意思は全くなかったこと、性的暴行の被害者の感情を傷つけたとすれば謝罪することを述べ、反フェミニストとする非難に対しては、ボーヴォワールの「私は中絶をした」宣言にデュラスやサガンと共に署名したことを挙げていますす。その中の彼女の言葉に興味を引かれました。「わたしは自由を愛しています。誰もが裁き、審判し、糾弾する権利があると思っている今の時代の風潮は好きではありません。今は、ソーシャルネットワークでのちょっとした告発が、処罰や辞職、時にはメディアによるリンチにまで発展しています」と率直に語っている。そして署名の根本的な理由として、「芸術分野における締め出しnettoyages dans les artsの危険を感じたことにある」と述べ、さらに解決策にまで触れて、「男の子と女の子の教育にある」と指摘し、企業には職場でハラスメントがあった場合に直ちに法的措置が講じられるような措置が必要であるとしています。奇しくもミシェル・フーコーの「性の歴史」の出版が完結したというニュースも。

◆我が国でも多様化の推進をめぐって議論がされています。社会の隅々にまで細やかな配慮が及ぶことを祈りましょう。

自由って危険？

――La liberté serait-elle si dangereuse?

〈第816号（平成30年10月号）掲載〉

◆フランスでは、この七月一日から制限速度が変更された。県道や国道の中央分離帯のない対面道路において、現行の九〇キロを八〇キロにするというもの。この措置をめぐっては早くから侃々諤々の議論があった。政府によると、この措置によって年間四〇〇人の命が救われるというが、一方、二年前に行われた実験でも政府案を支持する結果を生み出していないとか。フランス人の五九％（残りの四一％のうち六七％は車非保有者）が反対し、ドライバー協会は、罰金収入を目指す策略と非難する。また、七月三〇日には学校教育機関におけるスマートデバイスの使用の監督に関する法律が可決され、小中学校及び一部の高等学校でのスマートデバイスの機器や携帯電話の使用が禁止されることになった。ワクチン接種では、二〇一八年から一一種に義務付けられることになった。ワクチン有害論もあってこれまでは三種に限られ八種については推奨されていたにすぎなかったが、義務化されることに伴い、不接種には懲役又は罰金が科せられるという。たばこ規制に対しては、二〇一七年一一月の下院でフランス映画の七〇%に喫煙シーンがあることをもって喫煙文化を助長しているとの質問を受けて、保健相がこれを肯定し、後にフランス映画やその他の芸術作品の中の喫煙表現の禁止を検討するものではないと弁解したことがあった。この事実に触れつつ、一八か月未満の幼児の同乗する車内で喫煙した者は四五〇ユーロの罰金に処せられる例を引いて、喫煙の自由がまるでテロとの闘いであると非難し、国家は護民官かそれとも徴税官かと揶揄する。

交通や保健衛生や労働の分野では、多数のフランス国民に関わることだけに、公権力の規制熱意は、特に顕著で、すでに一国に四〇万もの規範があるという。その上、「一日に五つのフルーツと野菜」をスローガンとする政府の推進運動のように勧告という名の規制もある。まさにフランスはモンテーニュの言う「高尚な庇護」に置かれているというわけである。以上は、「速度、たばこ、アルコール、糖分、ドラッグ、その他。なんでも禁止社会」「自由が奪われるCES LIBERTÉS QU'ON NOUS ENLÈVE」と題した特集記事から（二月二四日号フィガロ）。

◆道路規制、たばこ規制、ワクチン接種の義務化、ソーシャルネットワーク規制、そしてイスラム恐怖症。これらを一律に論じることは、乱暴ではあるが、自由に対する規制が過剰ではないかと論ずるところは、いかにもフランスらしい。そこに引用された二人の先哲の言葉は重い。「フランスは他のどの国よりもたくさんの法律を抱えている。何よりも望ましいといえる法律はきわめて稀である」（モンテーニュ）、「無益な法律は意味のある法律を減退させる」（モンテスキュー）。

国家と民との関係が問われなければならないが、さらに厄介なことに、国家が規律を独占するのではなく、今やソーシャルネットワークが個人の自由に対して独自に判決を宣告し執行までする。たとえばセクシュアルハラスメントが特定の人物を葬るように。さらに、ネットワーク社会による禁止が自主規制を招く。現に、女性の死に喝采が起こるのを避けてレオマスカトの演出ではカルメンがドンホセを殺害するのである。

◈フェイクニュースと声高に叫ぶ為政者、女性やマイノリティに対するハラスメント。表現の自由や人権に対する侵害など自由が全世界的に脅かされている。自由はそんなに危険でしょうか？ La liberté serait-elle si dangereuse? という問いは、たしかに発せられる価値はある。

（第820号（平成31年2月号）掲載）

顔をつきあわせるのが倫理的
——Le face-à-face initial est éthique

◈顔立ちはすべてを語るという。表情を読み解きたいという思いは古くからあり、文学はもとより行動心理学で試みられ、やがてアルゴリズムによってその正確さが誇られるようになる。しかし、表情は、告白であると同時に虚言であり、時に窓となり鎧戸ともなり、真実であり仮想でもあるという（二〇一八年一〇月一九日号フィガロ・LE VISAGE CE QU'IL RÉVÈLE顔立ちが明かすもの）。さて、いかがであろうか。

◆顔立ちが語るものとしてさまざまに説かれてきた。たとえば、スイスのヨハン・ラヴァーターの観相学は、青い瞳は繊細さ、厚ぼったい唇は無気力、長い額は知性と説き、後世のバルザックを虜にしたという。ロンブローゾの犯罪人論が、容貌や骨格をもって犯罪者の特徴を表わしたことは有名である。やがて、顔立ちの科学的分類が運命を顔立ちに割り振る全体主義社会の幻想に奉仕したと批判されるようになる。それでも、日々の感情が顔立ちに刻まれることは確かと考え、顔立ちの造形が性格の特徴を言い当てると主張する。第一群は、まなざしの冷淡さ、輝き、ぼんやり、第二群に顎の高さや強さ、鼻の輪郭、ほほの厚み、眼のかたちがあり、これらが意志、努力、苦痛、忍耐、悲しみの痕跡を残さないはずはないというのである。やがて、戦後になって、精神科医ルイス・コールマンは、自閉症児に向き合って、あいまいな心理描写を入念に解剖学的に研究し、アリストテレスの直観を発展させて精神の三つの局面—本能的（直観的、無意識的）、感情的、知的—が顔立ちの三つの部分—顎、鼻と目、額に対応すると説いた。

現在では、コールマンの門弟でフランス形態心理学会副会長のジャニーヌ・マレシャルは、「さまざまな部分の配置構成を考慮に入れながら顔立ちの解釈をすることが重要である。例えば、顎の形は人格について実に多くのことを物語っている。元大統領サルコジとオランドの顎を比べれば、前者のアクセントのある顎は独自の特質を刻印したい切望を表わし、後者の緩やかな顎は他者に寄りかからざるを得ない必要性を示している」と述べる。進んで、人物描写を完璧にするためには、身振りや表情の癖などを加えて解釈する必要があり、それを叶えるにはソフトウェアの助けを借りることが求められる。

◈今やいたる所で顔が見られる。かつては一生かかっても見ることができなかった人物をネットワークによってわずか一日で見ることができるのである。フェイスブックは、リュディアのギュゲス王の夢を、自らの姿を隠したまま他人の顔を見ることができる夢を現実のものにしたのである。さらに、以前にもまして、アルゴリズムが顔立ちから感情を速やかに確実に分析することを可能にするが、このことは、例えば選挙に利用されるように、民主的社会において歓迎されるのか脅威となるのか覚悟しておく必要がある。

モンテスキューは、「法の精神」において、専制政体においては、君主は「隠されていて、どんな状態におかれているのか人々は知らない。幸いなことには、こうした国では、人々はかれらを統治している人の名前しか知る必要がないようにできている」と説いた。逆に言えば、民主制は顔立ちによって生かされているのである。レヴィナスの述べるとおり、ベールを脱いだ顔立ちの共存こそ現代文明の原理であり、顔を主体的に突き合わすことが倫理的であるLe face-à-face initial est éthique（アラン・フィンケルクロート)。

◆現実の顔をしっかり見つめることとしよう。

ノートルダム、私たちの歴史、私たちの文学、私たちの想像力――Notre-Dame C'est notre histoire, notre littérature, notre imaginaire

〔第824号(令和元年6月号)掲載〕

◆いかがお過ごしでしょうか。昨日パリに戻ってきました。ノートルダム大聖堂の火災のときはちょうどイタリアに旅していました。四月一六日のフィレンツェの新聞は一面に尖塔が崩れ落ちる写真を掲載していました。マクロン大統領は、いかにもフランス流に、熱く語っていましたね。「ノートルダム、それは私たちの歴史であり、私たちの文学であり、私たちの想像力であるNotre-Dame C'est notre histoire, notre littérature, notre imaginaire」と。火災は、国民の歴史が立ち止まらないことを再認識させた。われわれは常に克服すべき困難に直面してきたと述べて、「さらに美しく」再建すると訴えました。確かに、我が貴婦人は、その名のとおりカトリック信仰の中心であるのみならず、立場の違いを超えて、フランスの、さらには欧州の象徴に位置してきたともいえるでしょう。フランス革命時代には反カトリックとして破壊に遭ったものの、二〇世紀の二度の大戦にも耐えました。ところが、再建のために寄せられた寄付に対して、反対の声が上がっているのもフランスなのでしょうか。

寄付を申し出た富豪の一人は、「フランスでは何かをする時でさえ批判され、非常に悩ましい」と語ったとか。大統領がこの惨事を国民が結束する機会にできると訴えたにもかかわらず。

◈この背景には、富の不平等と低所得層の窮状があるのでしょうか。「黄色いベスト」gilets jaunesによる毎週土曜日の抗議運動が五か月も続いています。昨年一二月に燃料税引き上げの延期が発表され、国家討論会として対話に応じることが宣言されたにもかかわらず、その後も街を破壊し商店から略奪を繰り返し、ルーブル美術館を閉鎖に追い込み、催涙弾や装甲車を余儀なくさせるブラックブロックという無政府主義者の横行も懸念されました。被害総額は二億ユーロに上るといいます。まさに「パリは燃えているか」と問わざるを得ない状況です。

この黄色いベストは、フランスの道路交通法で車内の常備が義務づけられている非常用の着衣です。ディーゼル車が今なお人々、特に低所得の労働者や年金生活者の重要な足であることから、発端の燃料増税がまるで富裕層対庶民の階級闘争のシンボルに使われたわけですね。驚いたことにローマ市庁舎前でも黄色いベストの小集団が声をあげていました。イタリアによる運動への介入をめぐって駐イタリア大使召還がされたことを思い出すとともに、欧州の距離感を感じた次第です。憲法に「圧政への抵抗権」résistance à l'oppression（人権規定二条）を定める国ですから、デモは恒例行事として従容と受け入れられていましたが、このところの成り行きは、どうもフランスらしくなかったように思います。

◆憲法といえば、奇しくも昨年一〇月に憲法制定六〇周年を祝ったばかりでした。一九五八年一〇月四日に制定された第五共和国憲法は、改正規定を排除して国民投票に正当性を託したのでしたね。我が国では憲法の改正そのものについて論じられていますが、フランスでは頻繁に改正が行われ、すでに二四回に及び、二〇〇八年には三九か条の改正と九か条の新設が実施されたとか。もちろん人権規定には触れられていませんが。

◆我が国では、いよいよ令和agréable et harmonieの年が始まるのですね。世界がうるわしく和やかであってほしいと祈らざるを得ません。

フランス語がレジスタンス
――LA LANGUE FRANÇAISE FAIT DE LA RÉSISTANCE

〔第828号（令和元年10月号）掲載〕

◆フランス語がレジスタンスLA LANGUE FRANÇAISE FAIT DE LA RÉSISTANCE（六月二九日号フィガロ）。パリの街中にはドイツ占領下のドイツ語よりはるかに多くの英語が氾濫している。保健省は「ヘルスデータ・ハブ」と謳い、ついには文化省も「セーブルのアウトドア」と表記する。文化省は、この八月四日にツーボン法成立二五周年を祝うはずであったが。

ツーボン法こと「フランス語の使用に関する法律」は、フランス語の使用の義務付けを強化し、売買契約、株主総会、広告等のほか、テレビラジオ放送や出版、学術会議の分野でフランス語を使用することを義務付け、外国語の表記に対してはフランス語の要約を添付し、その表記は外国語表記よりも大きく見易いものにするべきであり、違反には罰金も科すという徹底ぶりである。にもかかわらず二〇一三年には大学で英語による授業を増やそうというフィオラゾ法が成立した。教育界の主要な労働組合は、フランス文化遺産が危機にさらされると反対し、アカデミーもモリエールの言葉を擁護した。しかし、すでにツーボン法はグラン・ゼコールでは破られ、国際的な科学の分野でもフランス語が周縁に追い込まれている現実を直視すべきであるとも言われていたのである。さらに、インターネットの世界はもとより科学技術分野でも英語の優位は動かないといわれる。その下で、フランス語も多くの影響を受けながら、記事の語るように、事業や取引に必要とされる実用性と言語や文化に体現される誇りとは別であるはずである。

◈英語の氾濫とともに、職業や役割の上の言葉の女性化が指摘される。アカデミー・フランセーズは、今年二月には職業名の女性化に関する報告を採択した。男性形で記される地位、たとえば、作家écrivain, 大使ambassadeur, コンセイユデタの調査官maîtres des requêtesや破棄院弁護士avocat à la cour等々について女性形を提示する。アカデミーの会員ドミニク・ボナ女史は、「言語は不変の聖堂ではない。……社会における女性の成熟度を言葉においても確認しなければならない」と語った。別のアカデミアンも、「職務名の女性化は、いまだ混沌として未解決のままである」と述べる。もっとも、人権宣言la Déclaration des droits de l'homme（男性形の「人」の権利）をles droits humains（人間の権利）あるいはles droits de la personne（人々の権利）と改変することは行き過ぎであろうという。一方、アカデミーは、昨年一二月にジェンダーの包括語化については厳しく批判した。活きた言語に張り付けられた規範的な表示としての文法上の決まりを人格的な冒涜というのは当たらないというわけである。

◆アカデミー・フランセーズの創設当時の定款をみると、アカデミーの主要任務は、国語に明確な規則をあたえ、これを純粋かつ雄弁なものにし、学芸を扱うにたえるものとするために充分な努力と配慮を注ぐことにある（第二四項）。マーストリヒト条約の批准の折に憲法院の判決に基づき、第二条に「共和国の言語はフランス語である」と加えられたことは記憶に新しい。フランス語の地位を擁護する思いは並々ならぬものがあるが、一方、ツーボン法はフランス人を守るかもしれないが、フランスを弱体化させるという当時の批判も蘇る。フランス語人口が現在の二億七四〇〇万人から二〇五〇年には七億五〇〇〇万人になるとの希望的観測もある。英語を何万語と使おうとも、フランス人にとってはフランス語こそ重要であることを思い起こそうという結語は、悲鳴のようにも聞こえる。

〔第838号（令和2年2月号）掲載〕

科学に向き合う宗教
――LES RELIGIONS FACE À LA SCIENCE

◆フランスでは、生命について根源的な問いが発せられている。フランス国民議会（下院）は、一〇月一五日、生命倫理法改正案を賛成多数で可決した。来年一月にも上院で審議が行われるという。四度目の改正である。独身や同性婚の女性に人工授精などの生殖補助医療PMA（Procréation médicalement assistée）を可能とするとともに、卵母細胞の利用の拡大をするほか、人工授精で誕生した子が成人したときにドナーの身元を知ることができることなどを内容とする。マクロン大統領にとって生殖補助医療の拡大は選挙公約でもあった。ビュザン保健相は、下院における質疑で「進歩的かつ伝統を重んじた均衡の取れた改正案だ」と強調したとか。振り返れば、一九九四年にはじめて生命倫理法（人体尊重法その他二法）が成立し、同法については、憲法院に提訴されたが、同年七月に、一九四六年憲法前文、人及び市民の権利宣言に基づき、合憲判決が下された。

生殖補助医療は、現在は不妊または重い遺伝病などの危険性がある場合に限定され、そのため、独身女性や女性同士のカップルは容認国で生殖補助医療を受ける必要があった。国家倫理諮問委員会は、昨年九月に、報告書において、子供を持てない苦しみは考慮されるべきであるなどと指摘した。一方、カトリック団体のフランス司教会ら反対派は、代理母出産GPA（Gestation pour autrui）に道を開くとか、父親のいない子供はあってはならないなどと批判し、同性婚に反対する団体は、相次いで抗議デモを行った。二〇一三年に同性婚を認める法律が制定された際に、抗議活動が激しく繰り返されたことが思い出される（「法曹」第七五二号（平成二五年六月号））。もっとも、代理母については、仏政府は、他人の子供を妊娠させるために女性の体を使うことは人身売買の領域に入るとして、異性カップルでも禁止している。このため、男性同士のカップルが仏国内で第三者の女性の協力を得て、人工授精で子供を持つことは今後も認められないという。

◆折しも、雑誌（二〇一九年一〇月一一日号フィガロ）では、科学に向き合う宗教LES RELIGIONS FACE À LA SCIENCEという特集が組まれた。カトリック、プロテスタント、ユダヤ教、イスラム教の高位者が、信奉する教義は激変する社会の発展に追いついているか、神の法が共和国の法にとって代わることを望むかなどの質問と共に、生殖補助医療ＰＭＡ、代理母出産ＧＰＡ、同性愛、政教分離をテーマにインタビューに応じている。

「社会の構成員の多様性を暴力によらずに受け入れることは社会の進歩ではあるが、現代の人々がこぞって、特に同性愛の人々が常態の中にあることを望むのみならず、自ら常態を決定づけると言い張るのを認めることは驚くべきである」（カトリック）、「要求に応じて子の誕生を奨励すること、あるいは独身女性でいるために片親家族の不安定さを助長する危険を冒すことは時宜にかなっているとは思えない」（プロテスタント）、「代理母は、匿名と無償の胚に基礎を置くフランスの生命倫理原則をもってすれば、暴力的な破壊であることを考えもせずに幼児の遺棄を仕組むもので、北側富裕国による南側貧困国の隷属にほかならない」（ユダヤ教）、「一神教では、両親による家族のモデルを最もふさわしいものとして築き上げてきたものであり、それを守りぬく権利を持つ」（イスラム教）等々。

◆それにつけても、国会においてもメディアにおいても、課題に対して根源から向き合おうとする姿勢には、さすがデカルトの国であると感心する。

（令和元年12月27日脱稿）

私たちは戦争状態にある
――Nous sommes en guerre

〔第８３６号（令和２年６月号）掲載〕

◆Nous sommes en guerre「私たちは、戦争状態にあります」。マクロン大統領が三月一六日の二〇分ほどのテレビ演説で六回も繰り返した言葉である。四日前には「団結したフランス、これこそコロナウイルスによる混乱期を経験する私たちにとって最大の切り札です。私たちは乗り越えるでしょう、全員一丸となって」と演説したばかり。演説には医療や経済面の施策や社会の規律などに多くの言葉が費やされているが、なかでも身近な言葉が心に残る。「自宅にとどまりながら、自分のアパートや家にいる近親者の世話をしてください。近況を知らせ、近況を聞いてください。本を読んでください。本質を見極める感覚を取り戻してください。私たちが生きる時代において大事なことだと思います。文化、教育、物事の意味が重要です。パニックに陥ったり、どんなデマでも信じたり、中途半端な専門家や物知りの言うことを信じたりしないようにしてください。私たちは、今後も明確な発言、透明な情報を提供し続けます」。まさに戦争状態における大統領権限の行使である。

フランスの紙誌も、大統領演説を引き、たとえば、コロナウイルスに立ち向かう、知らなければならないこと、しなければならないこと（三月二一日号フィガロ）、フランスは歴史的閉鎖を生き抜く（同日付ルモンド）、最前線の医療従事者に向かって、「ありがとう私たちの勇士たち」（同月二八日号フィガロ）と特集を組んで、まさに戦時下に団結している。

◆疫病を前にすれば、いろいろなものが見えてくる。行政当局の責任のあり方、メディアの姿勢、市民のさまざまな思いと行動。この光景は、記憶を目覚めさせる。ペストに襲われたオランは封鎖された DÉCLAREZ L'ETAT DE PESTE FERMEZ LA VILLE 「誰ひとりとして、ペストから逃れられる者はいない」「ペストがわが市民に最初にもたらしたものは、追放状態だった」（カミュ『ペスト』）。そこでは、死、病、苦、悪徳、弱さ、さらには暴力や貧困について迫られる。

密売者コタールのように、「私には、ここがずっといごこちがよくなったんです、ペストと一緒に暮らすようになってから」とうそぶいて社会的孤立からの解放を喜ぶ者もないではないが、新聞記者ランベールは、パリに残した妻を想うあまり「ここの者ではない」と自分の退去のみを考えていたが、脱出実行の当日になって、「自分一人が幸福になるということは、恥ずべきことかもしれないんです」と呟いて留まり、パヌルー神父は、「あなたがたは、禍いのなかにいます。皆さん、それは当然の報いなのであります」と説教を施していたが、少年の死に立ち会った後には、「神への愛は困難な愛であります。しかし、この愛のみが、子供の苦しみと死を消し去ることができる」と説き、自らは医者の診察を拒む。旅行者タルーは、疫病はみんな一人一人の問題であり、一人一人が自分の義務を果たすべきであると考え、市民による保健隊を結成してペストの撲滅に捧げ、何がそうさせるのかという問いに、「理解すること、です」と答えたが、終息宣言の直後に感染し、解放による街頭の騒ぎを聞きながら、心の平和を知るのであった。そして、医師リューにとっては、「ペストと戦う唯一の方法は、誠実さ」であり、「肝要なことは、自分の職務をよく果たすこと」であると考え、ひたすら病と死に向き合うが、終息を迎えても、決定的な敗北であり、およそ人間が得たものは、唯一「知識と記憶」であると嘆息するのである。

◆ラ・マルセイエーズで始まった大統領の演説は、常のとおり、共和国万歳、フランス万歳で締められていた。フランスの感染者は、五月二日現在一六万七三〇五人、うち死者は二万四六二八人である。

（令和2年5月2日脱稿）

情熱の犯罪　安易なアリバイ

――Le ≪crime passionnel≫ un si commode alibi

〈第840号（令和2年10月号）掲載〉

◆新型コロナウイルスによる感染が、収まりませんが、いかがお過ごしでしょうか。フランスでは、マクロン大統領が六月一四日に四回目の国民向けテレビ演説で、新型コロナウイルス対策に伴う制限措置の緩和を発表し、学校の授業やレストランなどの営業が再開され、欧州間の移動制限も緩和されました。しかし、その後も感染者数は増加し、八月一四日には三日連続で一日の感染者数が二五〇〇人を超え、憂慮されます。

◆最近のフランスの話題を拾いますと、やはりコロナの影響が色濃くみられます。たとえば、会社法分野の緊急対策立法に関するものはもとより、この国の代名詞のグルメの分野では、「グランドシェフの苦悩と希望」（六月二〇日号フィガロ）と題する特集が組まれ、夏のバカンス特集では、「家族の家に帰る」（七月一一日号フィガロ）と例年の派手さは影をひそめています。

特異な話題として、「情熱の犯罪　安易なアリバイ」Le《crime passionnel》un si commode alibiと題した特集がありました（六月一六日付ルモンド、同月二日付女性の殺害《Feminicide》追補）。同紙が二〇一八年の一年間の女性に対する殺人の調査結果を総括したものです。そもそも情熱の犯罪とは何でしょう、なぜ着目されるのでしょうか。夫婦間あるいは親密な男女間の殺人について、包括して狂った愛情に由来する特殊な行為として長い間語られてきたようですが、今回の記事は、コロナ禍によるステイホームから生まれる家庭内暴力も影響しているのでしょうか。

この概念は、もちろん、刑法典にはなく、法律上のものでも、裁判によって認知されたものでもありません。むしろ、歴史的にみれば、一九世紀にジャーナリストによって作られた概念であり、あるいは、夫の心を傷つけた妻を誹謗し、不幸な夫に同情するかたちで、劇場などで描かれたことに由来するということです。しかし、この概念が、重罪院において、弁護士によって、手っ取り早い擁護戦術une stratégie de défense payanteとして安易に利用されてきたことは事実のようです。一世紀以上にわたって効率的な戦術として続いたことは、愛によって殺したということに美しさを求め、愛の悲劇として耐えがたい痛みを陪審員に訴えれば、六、七年の懲役刑にとどまったとも言われています。やがて、弁護士自身が、この概念に疑義が多いことに驚き、これを使うことに気が引けてきているということです。

一方、この概念のあやうさについては、古くから重罪院判事によって指摘され、弁護士によって情熱による犯罪の範疇に入れられようとする殺人は、恨みなどによって損なわれた特異な愛情や築かれてきた習慣を失ったことの悔いから引き起こされた結末にほかならず、しかも、特殊なものと位置づけられるものは決して多数ではないというのです。また、検察官も、愛による殺人なんてないのであり、盗むために人を殺すことと違いはないと語り、女性に対する殺人（フェミサイド）は、文学、映画、演劇、歌のテーマとして取り上げられて美化されることがあったことは認めるとしても、愛によって殺したという「ある狂人のためのレクイエム」（一九七六年）の歌詞には大いに不満であると述べています。

新聞の調査結果は、愛情による殺人といわれるものは、実は、男性が女性を所有しているものと信じ、女性が男性から逃れようとすることに対して殺害という手段に訴える所有欲殺人にほかならないのであり、「情熱の殺人」は、存在しないし、かつても存在しなかったと結論付けています。

◈一日も早く平穏な生活が戻ることを祈念します。

（令和2年8月15日脱稿）

なぜ「華の都」か

（「京都地裁時報」第95号（昭和51年12月号）掲載）

一月三一日、パリ・オーステルリッツ駅に降り立った。思ったとおり道は凍てつき、白いものが舞っていた。大都会である。ホテルは一四フランぐらいからある。しかし、こんな冷えこむ夜は気持こそ暖まるところがよい。治安の保障を得ようと思えば、少々高くなければならぬが、サービスのよさ、流行の「家庭的」な雰囲気なら小さいホテルに限る。そこがホテル探しの難しいところだ。翌朝は七時起床。家庭的な雰囲気を求め過ぎて、早くからカフェオレを用意する音が忙しい。今朝も鉛色の空。ブーツのマドモワゼルが、滑らぬように姿態をくねらせながら見事に、道路を支配するのをしばし眺めながら、一フラン二〇サンチームを出すと、新聞は、フィガロである。新聞配達といったおよそ一切の「便利」を拒否する国である。例えば、電話をかけよう。小銭はあっても、電話器がない。二時に一分遅れようものなら、無情にも飯にありつけない。街で、きつねうどんから週刊誌まで自動販売機に飼いならされた我々には耐えられない、ということはない。この「拒絶」がこの国の矜持であり、この国の一部であり、半年滞在した外国人をとりこんで離さない、その撞着を秘める国である。

求職と求下宿人にとっては新聞はフィガロ。なぜなら求人欄が三面もあるからだ。一月二七〇フランから三五〇〇フランまで「下宿」はさまざま。陽当りが一番。シャワーが二番。風呂が三番。エレベーターが四番。そして上等のベッドに加えて電話。これだけを満たそうものなら三五〇〇フランに近くなる。安いところはストリップ小屋の隣か、深夜隣人の咳払い以下一切の音に文句をつけられないところである。

とにかく住宅政策の遅れはひどい。今年の正月の大統領の三つの誓いは何処へやら、メトロの通路を占領するホームレスの縄張り争いはまたも烈しくなったと聞く。

ひとまず新聞の記事を一つ選んで予約の電話。予約時刻の二時間前には並ばなければもはやお終いである。不動産屋はどこでも窓口に妙齢のマドモワゼル。ちょっと気を許していざ交渉（もちろん借家契約である）の段になり、契約条項に異を唱えようものなら、奥の部屋から、これまた必ずといっていいほど、パイプをくわえた腹の突き出た大男が、先程やさしく笑いかけたマドモワゼルの横に。ここで日本男児の勇をといった意気は半年もいると既にない。ただこの国の連中の「自己」主張のすごさにだけは圧倒されてはならぬ。レストランでどう考えても勘定が合わない。今日はビールとクロックムッシュー（フランスの代表的ハムサンド）で済ませた筈。ビールが一五フランもする筈はない。隣席を先程去った恰幅のいい紳士のレシートと間違っていようが決して謝らない。なかなかと自分の主張をくり返すばかり。生きるためには日本人の気前の良さもない。支配人を呼んでくれといってやっとけりである。

とにかく話がまとまって美女の運転でアパートを見に行く。契約が結ばれると、先程のマドモワゼルの笑顔は戻っている。「借家人のなかで一番ひどいのはアメリカ人。次がイギリス人。日本人は清潔好きで一番いい。」駆逐米英意識は極めて強い。コカコーラもマクドナルドもたじたじである。英語はすべてフランス式に発音する。アカデミーは毎年英語の流入防止に躍起である。フランスの中華思想というのがあるがむしろ自国語を誇り、大切にする気質からであろう。美しい、文法にかなったフランス語を喋ることが上流階級の要件であるという。小学校以来、数学のテストも文章で答えなければならない。司法試験はもちろん各種試験のほとんどは論文形式である。ちなみに昨年の司法試験の問題、「過去の認識が現代社会の理解に有効と思われるか」「夫婦の平等」「刑法の解釈」といった問題に満足な解答を与えることは難しくなかろうか。確かに、カストリ（的）雑誌もある。スポーツ新聞もある。西欧で一番遅れているとはいえポルノもある。子供にビール、ワインを施し、タバコを与えても、この国の若者は哲学を論じ、電車の中では、二大新聞ルモンドかフィガロを読む。知識よりも思考を大事にし、徹底した個人主義教育を施し、殆んど放任と思えるようなこの国は大きなところで安定している。

決ったアパートはパリでは上等の部類だ。なぜなら一部屋は完全に陽が当るから。ともかく灰色の長い冬を耐え抜かなければならないパリ人は、少しでも陽が当れば、ルクサンブルグ公園でスカートをめくって足を出し、セーヌ河で裸（厳密には水着着用）で甲羅を干す。しかもテレビもある。貸し白黒テレビの広告が未だ電車の中で大きく見かけるのだから上等至極。新しい文化の受容れ検査はとにかく厳しい。番組は午後から夜は一〇時ないし一一時まで、三チャンネル。対談、クイズ、ニュース。見るのは子供か寡婦。一般人はむしろ快活に喋り、飲み、食って、夜を更かすのである。二〇世紀の社会にそんなに簡単に入ってはたまらないという気概が感ぜられる。それに街を歩いていてぶつかる女性は紅をひかない、パーマはかけない、時代遅れのミニスカート、ビニール製のバッグ。ディオール、サンローラン、カルダンは、パリ人にはない、少くとも大部分のパリ人には。

では、なぜパリは「華の都」か。

私の観察

懐かしさは暗さにある

（「ほほづゑ」第94号（平成29年秋号）掲載）

ブルーにシルバーのトラムが走る。街角のマガザンのディスプレイが真昼の太陽をはねつける。カフェの若者はからだをぶつけ合って大はしゃぎだ。あのころのボルドーにはなかった。ジャルダン・デ・プラントやサンタンドレ教会には、たしかに走り回る子どもの声も絵葉書を求める観光客の笑いもあった。地域振興政策によって誘致された司法研修所では白熱の議論が飛び交ってもいた。でも、初めて独り降り立った駅前でムール貝を貪る労務者の気怠さや安ホテルの隣室から聞こえる娼婦の咳、それに斬新な研修所の建物よりもその残地に睥睨する灰色の監獄舎ばかりがよみがえってくるのはなぜだろう。まるで、ガロンヌ河の運搬船がいやいやしながら影を運び入れているようだった。間違いなく、「獣のように黒々とうずくまっているボルドオの街」（遠藤周作）。

明るい方がよい。陽光がまぶしいくらいがよい。それでも、懐かしさは暗さにある。

〈著者紹介〉
門　口　正　人（もんぐち　まさひと）
弁護士。元名古屋高等裁判所長官。
最高裁判所裁判所調査官，内閣法制局参事官などを歴任した後，東京地方裁判所民事第８部の裁判長として，著名な会社訴訟や多数の大規模更生事件を担当。その後，静岡地方裁判所長等を経て，2009年８月名古屋高等裁判所長官となる（2010年12月定年退官）。

主要な論文等に，「株主代表訴訟における担保の申立の審理―実務からの感想―」（民事訴訟雑誌44号，1998年），「司法による再建型倒産手続の運用についての取扱い」竹下守夫先生古稀祝賀『権利実現過程の基本構造』（有斐閣，2002年），『裁判官の視点　民事裁判と専門訴訟』（商事法務，2018年），『講座現代の契約法　各論１～3』（青林書院，2019年），『司法的企業運営』（金融財政事情研究会，2020年），エッセイに『裁判官　フランスを歩く』（青林書院，2012年）。

裁判官のつぶやき　書籍番号500303

令和3年5月10日　第１版第１刷発行

著　者　門　口　正　人
発行人　門　田　友　昌
発行所　一般財団法人　法　曹　会

〒100-0013　東京都千代田区霞が関1-1-1
振替口座　00120－0－15670
電　話　03－3581－2146
http://www.hosokai.or.jp/

落丁・乱丁はお取替えいたします。　印刷製本／(株)ディグ

ISBN978-4-86684-064-2